事業承継の経営学
企業はいかに後継者を育成するか

落合康裕【著】
OCHIAI Yasuhiro

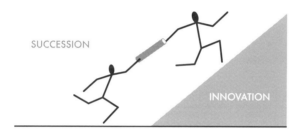

東京 白桃書房 神田

■■■ **はじめに** ■■■

　本書は、企業の事業承継と後継者の育成について、経営学の概念をもとに平易に解説したものです。事業承継のハウツーを論じるものではなく、数世代にわたって事業承継を成功させてきた企業を題材にして、経営課題として事業承継を考える視点や枠組みを提供することを目的にしています。

　昨今、企業の事業承継の問題は、中小企業庁を中心に全国事業承継推進会議が設置されるなど、重要な課題として関心が向けられています。少子高齢化が進展する日本において、企業の廃業がもたらす日本経済への負の影響は大きく、事業承継の成否が日本の産業活力の維持拡大を左右する重要な要素であるといっても良いでしょう。

　筆者は仕事柄、事業承継をひかえた経営者や承継支援を行う士業の方々とお話する機会が多くあります。彼らからは、一体どこから手をつけるべきか、いつから取り組むべきか、どのように進めていくべきかがわからないという声をよく聞きます。これは、事業承継が重要な課題であると認識されながらも、問題の焦点を掴みきれていないことが原因だと考えられます。

　事業承継とは、事業体の経営権を現経営者から後継経営者に移転することです。言葉で表すと簡単ですが、実際の事業承継における行動の中には多数の要素が存在し、複雑に絡みあっています。事業承継を難しくする要素として、3つの典型的な問題が存在します。それは、世代間のギャップ、同族と非同族のギャップ、伝統と革新のギャップから生じる問題です。

　第1の世代間ギャップの問題とは、現経営者と後継者の価値観の違いから生じる問題です。日本企業の多くは、ファミリービジネスであるといわれています。例えば、ファミリービジネスの場合は親から子への事業承継が行われます。現経営者と後継者の年齢差は一世代分開くことになります。

両者の生きてきた時代が異なるため、形成される価値観が異なってきます。事業承継では、これが対立や衝突の火種になる可能性を秘めています。

第2の同族・非同族のギャップの問題とは、ファミリービジネスにおいて同族と非同族の処遇の違いから生じる問題のことです。ファミリービジネスの後継者に対しては、将来の経営者になるために特別な処遇がなされます。一方で非同族の従業員は昇進が限定されるために、同族と非同族との間に大きな溝を生んでしまう原因となることがあります。

第3の伝統・革新のギャップの問題とは、企業として変化させてはいけないものと変化すべきものの違いから生じる問題のことです。企業を取り巻く経営環境は刻々と変化しています。そのため、企業には環境に適応する革新的行動が求められます。しかし、現経営者の世代は、企業の伝統や商慣習などの影響を受けます。一方で後継者は、組織の過去の文脈に染まっていないため、新しいことに取り組みやすいといえます。事業承継では、企業の伝統や慣習といった変えざるものと時代環境に合わせて変化させていくものとが衝突しあう、もしくは古い慣習が新しい取り組みを潰してしまうような問題を生じさせることがあります。

このように、事業承継は多様な要素が絡みあう難しい問題ですが、経営学の視点からマネジメントできれば積極的な意味を引き出すことができる可能性があります。それが、「事業承継を企業のイノベーションをおこす契機にする」ということです。経済学者のシュムペーター（Schumpeter, J. A.）によると、イノベーションとは性質の異なるもののぶつけ合いが生み出す新結合のことを示します。事業承継における世代間、同族・非同族、伝統・革新などの互いに異なるものを上手にマネジメントして融合できれば、イノベーションの発露にすることも可能でしょう。

従来、事業承継の問題は、資産承継や会計税務など実務的・手続き的な観点からの議論が多かったため、真正面から経営課題として論じてこられることが少なかったように思います。この領域を専門とする学者としては、経営学の視点から事業承継を論じる書籍の必要性を感じていました。事業

承継の問題が、後継者を育成することであり、組織にイノベーションを起こすことであるならば、経営学が多いに役に立つはずです。経営戦略、経営組織、ガバナンスなどの多様な観点から、複雑な事業承継の課題を検討することが可能です。

　本書は、前著『事業承継のジレンマ：後継者の制約と自律のマネジメント』（2016年、白桃書房）にもある老舗企業の事例、ならびに幻冬舎ゴールドオンラインの連載記事をベースにして、新たに書き下ろしたものです。

　本書が想定する読者は、事業承継にかかわる当事者（先代経営者、後継者など）、支援者（士業の専門家など）、ビジネススクールの学生、次世代経営者育成にかかわる研修担当者の方々などです。当事者と支援者の方々には、企業の経営課題という観点から事業承継問題の切り口を掴んで頂けると思います。ビジネススクールの学生の方には、事業承継のケースを読み解きディスカッションを行う際の教科書として活用して頂けるようにしています。事業承継にかかわる研修担当者の方々には、研修テキストとしてご使用頂けると考えています。読者の皆様には、経営学の視点からの事業承継について比較的容易に理解をして頂けるよう、構成や記述を簡潔にして要点をしぼるなどの工夫しています。

　また、本書の大きな特徴は、ファミリービジネスの事例をベースにしながらも、そこから得られた知見がファミリービジネスのみならず大企業から中小企業までどのような企業・組織にも有用なものであることを明確にし、その点を各章の章末に「POINT」としてまとめ、その視点や考え方を提供していることです。ぜひ、ファミリービジネスの方々はもとより、ベンチャー企業から一般の大企業の方々まで、広くお読み頂ければと考えています。

　最後に、株式会社白桃書房の編集長の平千枝子氏ならびに金子歓子氏には、本書の編集において大変お世話になりました。学術書である前著のエッセンスを実務界の方々に還元する必要性を平氏に説いて頂くことがなければ、かつ金子氏の細部にわたる編集上の緻密な校正がなければ、本書が

日の目を見ることはありませんでした。ここに記して感謝を申し上げます。また、仕事の虫である筆者を陰ながら支えてくれた、妻・奈緒美と子供たち（柊介、凛々子、美也子）に感謝の意を表したいと思います。

令和元年7月

自宅書斎にて
著　者

目　次

はじめに

第1章　事業承継とは何か ── 001
- **01** 事業承継と経営環境の変化　001
- **02** ファミリービジネスの事業承継問題　003
- **03** 企業の成長プロセスと事業承継　006
- **POINT** 事業承継を考えるに当たってのポイント　009

第2章　現経営者の役割と課題 ── 010
- **01** 創業者と二代目以降の経営者との違い　010
- **02** 先代経営者の事業に対する意識　012
- **03** 引き際と権限委譲　014
- **04** 事業承継後の先代経営者に求められる役割　016
- **05** 人生のライフサイクルと事業承継　018
- **06** 世代継承性の観点から見る事業承継　021
- **POINT** 現経営者の役割におけるポイント　023

第3章　後継者の当事者意識と独自性の育成 ── 024
- **01** 後継者育成の難しさ　024

02 後継者のキャリア設計　026
03 他社修行　029
04 入社後の初期の仕事経験　031
05 後継者の育成と番頭の役割　033
06 生まれながらの地位　035
07 自分の実績で築く地位　038
08 財務諸表と当事者意識の醸成　040
09 新規取引先開拓とレガシーの超克　042
10 客観的視座の養成　044
11 後継者の配置　046
12 組織の辺境への配置　047
13 プロジェクトリーダーや関連会社トップへの配置　049
POINT 後継者の意識づけと周囲との関係づくりのポイント　052

第4章　先代経営者と後継者の関係性 ─── 053

01 世代間の「悪い対立」と「良い対立」　053
02 世代間で育む企業変革の種　055
03 悩ましい二重の関係性　057
04 関係性をつなぐ「番頭」の役割　059
05 世代間の情報格差　061
06 経験や教訓の世代間連鎖　063
07 ファミリービジネスで理念を共有しやすい理由　064
08 制約と自律のマネジメント　065
POINT 現経営者と後継者の関係性におけるポイント　068

第5章　利害関係者と後継者の関係性 ──── 070

- 01　社内外の利害関係者との関係構築　070
- 02　先代経営幹部との関係構築　073
- 03　従業員との距離感のマネジメント　076
- 04　後継者の能動的行動を促す従業員との関係　079
- 05　社外の利害関係者の円滑な引継ぎ　081
- 06　取引銀行との信頼関係の引継ぎ　084
- 07　個人保証の引継ぎ　086
- 08　株主の存在　088
- 09　地域社会との関係　090
- 10　地域創生の役割　093
- POINT　利害関係者と後継者の関係性におけるポイント　096

第6章　経営戦略と次世代組織の構築 ──── 097

- 01　経営戦略の承継　097
- 02　技術が事業承継に与える影響　100
- 03　老舗企業のブランドの機能と効果　102
- 04　伝統的製品におけるブランド拡張戦略　104
- 05　後継者の右腕の育成　107
- 06　次世代経営組織の構築　108
- 07　ビジネスシステムの承継　110
- 08　特定企業への依存の検討　112
- 09　M＆Aのメリットとデメリット　114
- POINT　経営戦略と次世代組織構築のポイント　116

第7章　後継者の企業家行動とガバナンス ── 117

- 01　企業家研究の観点から見た後継者　117
- 02　先代から引き継ぐ経営資源と後継者　120
- 03　経営資源の制約による後継者の課題　122
- 04　新旧両世代による経営資源マネジメント　125
- 05　後継者に求めたい事業機会の認識　127
- 06　事業ドメインの設定　130
- 07　後継者による事業ドメインの再定義　132
- 08　差別化戦略から考える事業承継　135
- 09　後継世代による企業成長の方向性　137
- 10　事業承継における製品戦略　139
- 11　後継者による新製品開発　141
- 12　新製品開発における世代間の役割と協働　143
- 13　事業承継における「スタートスモール・キルスモール」　146
- 14　地域ブランドの育成　148
- 15　地域社会のガバナンス　151
- POINT　後継者の企業家行動とガバナンスにおけるポイント　153

おわりに
参考文献
キーワード

事業承継の経営学

企業はいかに後継者を育成するか

第 1 章

事業承継とは何か

最初に、本書では事業承継を次のように定義しておくことにします。

> 事業承継とは、財サービスの生産・販売等に関わる経営活動を現経営者から次期経営者へと引継ぐことである。経営者の世代交代だけではなく、経営戦略や組織運営、経営資源（ヒト、モノ、カネ、情報）、利害関係者との取引関係等の経営活動全般に関わる引継ぎやその過程を示す。なお、金融資産や不動産等の資産承継と区別される。

経営学の教科書によると、企業とはゴーイング・コンサーン（継続企業体）であると説明されています。企業は、健全に存続・成長していかねばならず、能力が高くとも創業者だけではそれは実現できません。世代から世代への事業承継が求められる理由がここにあるのです。本章ではまず、事業承継を、企業の環境や成長プロセスの観点から説明していきます。

01 事業承継と経営環境の変化

■ 経営環境の変化は企業の存続・成長に影響する

事業承継の難しさは、組織を取り巻く経営環境が変化することです。例

えば、優れた技術をもつプロゴルファーであっても、当日の風向きや芝のコンディションによって、スコアが上下することがしばしばです。企業も同様です。いくら優れた資源や能力ある経営者を有していても、置かれる環境によって力を活かしきれないこともよく起こります。

事業承継では、経営環境が刻々と変化するだけではなく、世代交代によって経営者も変わります。このように多様な変数が働く経営現象が、事業承継なのです。

本節では、事業承継に影響を与える経営環境とはどのようなものかを考えてみることにしましょう。経営環境は、マクロ環境とミクロ環境に分けて考えることができます。

マクロ環境としては、政治、経済、社会、技術などがあげられます。

第1の政治は、法規制、政策などの要素です。例えば増税が実施されれば、消費者の購買意欲減退に繋がり、企業の業績にも負の影響が出てしまう可能性があります。

第2の経済は、景気、物価、為替、株価、金利などの要素からなります。日銀の金融緩和は、住宅ローン金利の低下に繋がり、ハウスメーカーや不動産会社には追い風になる場合がありますが、反対に銀行にとっては、収

図1　事業承継に影響を与える経営環境の要素

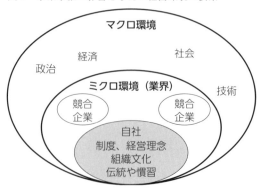

出所：筆者作成。

益性の低下を招くことになります。

　第3の社会は、人口構成、文化、宗教などを指します。現在の日本の少子高齢化の進展は、医療や介護の業界にとっては需要増につながりますが、子供を対象とする教育産業にとっては厳しい環境であるといえるでしょう。

　第4の技術は、新技術の開発や産業構造を変えうる技術革新を指します。例えば、AIやIoTのような新技術が、様々な製品・サービスの開発に繋がる可能性が議論されています。

　もう一方の、ミクロ環境として、企業を取り巻く業界があります。競合企業の数、取引先や顧客の数や交渉力、新規参入の容易さなど、個々の業界によって状況は異なります。各業界の特性もまた、企業の存続と成長に影響を与えます。

　事業承継とは、刻々と変化する経営環境に適応した行動がとれる経営者を育成することであると、1つの側面としていえます。

■ 変えざるものと変えるもの

　しかし、事業承継では、もう1つの要素を加味する必要があります。それが、企業の中で培われてきた組織の理念や慣行のようなものです。老舗企業のように社歴が長い企業ほど、伝統の継承が強く求められるかもしれません。

　事業承継では、経営環境の変化に適応した革新的な行動をとらねばならない「変える」側面と、組織の伝統の継承という「変えざる」側面の両方をマネジメントする必要があります。

02　ファミリービジネスの事業承継問題

■ 複雑な組織形態が事業承継問題に影響を与える

　ファミリービジネスは、小規模事業を含めると日本企業の大半を占めて

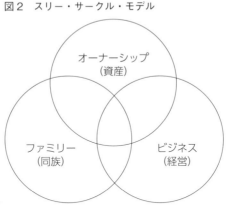

図2　スリー・サークル・モデル

出所：Gersick et al.（1997）の図（邦訳1999、14頁）に筆者加筆のうえ引用。

いるといわれています。日本企業の大多数を占めるのがファミリービジネスであるといっても良いでしょう。

　昨今の報道で、ファミリービジネスの承継問題がよく取り上げられています。なぜ、ファミリービジネスでは承継問題がおこりやすいのでしょうか。原因としては、ファミリービジネスの複雑な組織形態が関係していることが多いようです。

　ファミリービジネスとは、所有と経営の一致の程度が高い企業のことです。一般企業の中でも特に株式公開企業の場合は、外部の出資者から資本調達を行うため所有と経営が分離している傾向にありますが、ファミリービジネスは、ビジネス（経営）、オーナーシップ（資産）、ファミリー（同族）という3つの構成要素からなる組織と定義されています（スリー・サークル・モデル）。ファミリービジネスは、これら3つの構成要素が互いに有機的に絡みあいながら営まれています。そのため、一般企業と比べると様々な利害関係の調整が必要になってくる複雑な組織といえるのです。例えば、経営は経済合理性に従って進められるべきですが、他方で処遇や利益分配など同族のニーズにも対応せねばなりません。

■「経営・資産・同族」の問題を複合的に見ていくと……

　ファミリービジネスの承継問題について、スリー・サークル・モデルの観点から考えていくことにしましょう。

　第1に、「経営」と「同族」にかかわる問題です。

　具体的には、後継者の選抜と、経営に関与する同族の範囲があります。前者の後継者の選抜では、誰を後継経営者に指名するのか、後継経営者をサポートする経営幹部に誰を起用するのかを同族間で調整しなければなりません。同族間の合意が得られていない場合、後継者は同族の協力を得ることができず、内部の感情的な対立を深刻化させ組織の疲弊に繋がってしまいます。

　後者は、経営に関与する同族の範囲の問題です。経営に関与させる同族を限定しすぎると、ガバナンスがきかない可能性があります。他方で広げすぎると、同族から多種多様な主義主張が出され、経営の機動性を失う可能性もあります。

　第2に、「資産」と「経営」にかかわる問題です。

　具体的には、経営と資産の承継タイミングの問題です。これには、経営承継と同時に資産承継も行うのか、もしくは経営承継と資産承継を別々に考えていくのかという課題があります。経営承継が行われても資産承継が行われていないと、後継者の組織における影響力は限定されるかもしれません。他方、経営承継と同時に資産承継も行われると、先代経営者の牽制機能としての株主権限が行使できず後継者の経営上の暴走を抑止することが困難になる可能性があります。

　第3に、「同族」と「資産」にかかわる問題です。

　具体的には、次世代への承継に伴って資産を集中して移転するのか、分散して移転するのかという問題です。資産の集中移転は、兄弟姉妹が多い場合に合意が得にくい可能性があります。他方、資産の分散移転の場合、将来の同族間における権限関係が複雑化して利害調整が困難になる可能性があります。

このように、ファミリービジネスの承継問題について、「経営」「資産」「同族」を別々の課題として考えることは、実はあまり意味をなしません。複雑なファミリービジネスの承継問題を理解するためには、3つの構成要素をあわせて、多角的かつ多面的に考えていくことこそ重要となるのです。

03　企業の成長プロセスと事業承継

■企業の成長に応じて変化する事業承継の課題

　企業は、成長に伴って売上高や利益、資産規模が拡大します。企業の規模拡大によって、社会に与える影響が大きくなり、企業の利害関係者も増加することになりますが、それだけではありません。企業の成長は、事業承継にも影響を与えるのです。

　企業の成長に伴って、企業を取り巻く状況が変化していき、各成長段階に応じてそれらが事業承継に与える影響も変化します。つまり、事業承継が成長プロセスのどの段階で行われるかによって、検討するべき課題が異なってくるのです。

■経営・資産・同族という要素ごとの成長プロセスが重要

　前節では、ファミリービジネスの現象を「経営」「資産」「同族」という3つの要素で考察する必要性について述べました。実は、ファミリービジネスの円滑な事業承継のためには、3つの要素ごとの成長プロセス（スリー・サークル・モデルの発展段階モデル）も検討していかねばなりません。

　以下、「経営」「資産」「同族」における各成長プロセスの視点から、事業承継を考えていきましょう。

　第1の「経営」の発展段階では、企業に創業期、成長（拡大／組織化）期、成熟期というライフサイクルが存在することを考慮して事業承継の対

策を考えていく必要があります。創業期は経営を軌道にのせることに主眼がおかれます。成長期は市場シェア獲得などが課題となる段階であり、成熟期は閉塞感を打破するための多角化が検討される段階です。

重要なことは、事業承継を行うタイミングであり、自社がどの段階にあるかを考えることです。自社のライフサイクルが成長段階にある時に事業承継の時期が重なった場合、後継者が安易に経営戦略の変更を行ってしまうと、市場シェアを取りこぼしてしまう可能性があります。成熟段階もしくは衰退段階に入りはじめた企業では、世代交代を契機にして第二創業に挑んだり事業の多角化を行ったりするケースも見受けられます。この段階になると、事業存続の危機感の高まりによって後継者の新たな取り組みが、正当化されやすいでしょう。後継者による経営革新行動も事業のライフサ

図3　スリー・サークル・モデルの発展段階モデル

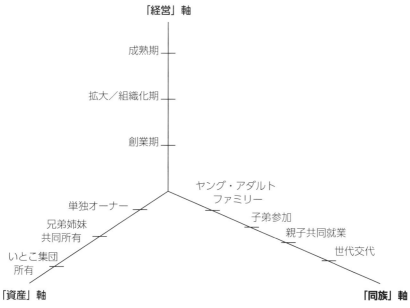

出所：Gersick et al.(1997)の図（邦訳 1999、14頁）に筆者加筆のうえ引用。

イクルを加味しないと、上手くいかない可能性があります。

第2の「資産」の発展段階では、企業規模の拡大に伴う出資者の多様化という課題を検討しつつ、事業承継対策を立てなければなりません。企業規模の拡大は、資本の増加に繋がると同時に、株式（会社所有権）の分散の程度が大きくなります。株式の分散の程度が大きくなるということは、企業経営にモノ言う利害関係者が増加することを示します。株式の分散の範囲をどのようにマネジメントするのか、もしくは多様化する株主とどのような関係を築いていくのかを検討することは、事業承継と企業統治にとって重要となります。

第3の「同族」の発展段階では、ファミリービジネスの所有や経営に関与する同族の変化を分析することが重要となります。創業者単独による事業運営から親子共同就業、世代交代など、時間経過に伴って所有と経営に関与する同族の態様は変化していきます。同族の態様が変化する中で、いかに建設的な同族関係を築いていけるのかを検討することは、ファミリービジネスの持続的成長にとって重要です。

上記は、3つの軸を個別の問題として述べましたが、実際のファミリービジネスは、3つの軸が複雑に絡みあって運営されています。

例えば、資産軸では最初の単独オーナー期に位置していても、経営軸では終盤の成熟期に位置している企業があります。他方で、同族軸では最後の世代交代期に位置していても、経営軸では序盤の創業期に位置している企業もあります。

円滑な事業承継を実現するためには、自社が発展段階モデルの3つの軸のどこに位置づけられるのかを分析して事業承継対策を検討することが、重要となります。

POINT
事業承継を考えるに当たってのポイント

　事業承継とは、現経営者から後継者へのたんなる交代や引継ぎではありません。事業承継とは、事業を営む組織を主導するトップが変わることであり、組織が環境変化に適応したイノベーションを起こす機会としなければなりません。本章で述べてきたように、事業承継は、組織を取り巻く環境や組織の成長段階の影響を受けます。これは、ファミリービジネスだけではなく一般企業にとっても、同じことです。

　例えば、承継される事業が成熟期にあって安定している場合、前経営者の方針を踏襲する形の方が、円滑に事業承継が進むかもしれません。しかし、事業承継のタイミングが事業の成長期や衰退期にある場合、考慮すべき点が生じてきます。例えば、成長期に事業承継が生じる場合、承継プロセスがもたついてしまうと、企業が市場シェアを取りこぼしてしまう結果を招くかもしれません。また、衰退期において事業承継がなされる場合、安定期と異なって、後継者は承継早々に前経営者の方針を転換するような大きなエネルギーが必要となるかもしれません。

　それだけではありません。承継においては、組織に関与する人々とのかかわりにも影響を受けることになります。特に、所有と経営の分離の程度が高い一般企業の場合、多様な株主が組織に関与しています。個人だけではなく、事業法人や機関投資家のような株主も存在します。組織が事業承継をイノベーションの契機とする場合に、これらの株主とどのような関係を築いていくのかは重要な課題となるでしょう。あわせて、株主以外の顧客や取引先などのステークホルダーとの関係をどうマネジメントしていくかも重要となります。企業にとっては、ステークホルダーとの関係によって、経営革新を促されることもあれば、適正経営を行うようガバナンスがなされることもあるからです。

　このように、一括りに事業承継といっても、承継をひかえた組織がおかれている状況に応じて、対応策も異なってくるといえるのです。これらの事業承継にかかわるより具体的な課題については、この後の章で考察していくことにしましょう。

第2章

現経営者の役割と課題

　事業承継においては後継者の育成に関心が集まりがちですが、タスキをわたす側である現経営者の役割もまた、重要なテーマです。本章では現経営者のタイプによる違いや引退プロセスについて考えていきます。

01　創業者と二代目以降の経営者との違い

　本節では、次世代にタスキを渡す経営者のタイプから事業承継の問題を考えていきます。これまでの研究では、「創業経営者タイプ」と「二代目以降の経営者タイプ」の2つの経営者のタイプがあり、事業承継でも異なる行動をする傾向にあることが明らかにされています。

■ 自分の経験に依存しやすい「創業経営者タイプ」

　創業経営者は事業の創始者であり、偉大な存在として後世にも語り継がれる存在です。厳しい経営環境の中で、無から有を創り出したバイタリティのある人物といえます。この創業経営者の特質の1つは、リスクを厭わず果敢に新たなビジネスに挑戦する資質と能力をもっていることです。それ故、創業経営者は、後世にカリスマ的な存在として語り継がれることが多いようです。当然、事業への当事者意識も二代目以降の経営者世代と比

較すると高い傾向があります。この特質によるものか、創業経営者の在任中は二代目以降の経営者世代と比較して業績が優位になっていることが示されています。『ファミリービジネス白書　2018年版：100年経営とガバナンス』（白桃書房、2018年）における上場企業への調査でもこの傾向が現れています。他方、欠点もあります。創業経営者は試行錯誤しながら事業を立上げ軌道に乗せてきたことから、困難に直面した場合に自分の経験に依存しがちなことです。これは、経営環境が変化した際にも中々過去の成功体験や学習経験を捨て去る（アン・ラーニング）することができず、変化への適応行動をとりにくくなることに繋がる場合があります。

■ 事業を客観視できる「二代目以降の経営者タイプ」

　二代目以降の経営者と創業経営者との大きな違いは、事業が既に存在しているか否かということです。

　過去の研究では、二代目以降の経営者は専門経営者型の経営を行うことが示されてきました。専門経営者型の経営とは、外部の一般化された経営知識や専門家の助言・指導を活用して経営に当たることです。創業経営者のように自ら事業を興したわけではないので、その経験不足を補完するために外部の専門家の助言・指導を受けて経営に当たる傾向があるようです。

　二代目以降の経営者の強みの1つは、外部の知見を活用することで事業を客観視できることです。これにより、環境変化に対応して、外部の異なる視点を組織に取り込める可能性が高いといえるでしょう。

　もう1つの強みが、世代が進むに伴い、一般的に組織が大規模化して企業としての仕組みが整い制度化されてくることです。制度の運用次第では、経営者個人の独断や暴走を防いでくれる可能性が高まります。

　他方、欠点もあります。第1に、事業を産む苦しみを自らが経験していないために、二代目以降の経営者は事業を他人事として軽く考えてしまう危険性があることです。これでは、後継経営者は事業に対して受け身の姿勢となってしまい、仕事の責任を回避してしまいがちです。また、偉大な

創業経営者が築き上げた事業を守ろうとするあまり、リスク回避的な意識や行動をとってしまうこともあげられます。第2に、組織の体制が確立してくると、後継者に「自分が行動しなくても誰かがやってくれるだろう」という仕事の責任を回避する姿勢が生まれてしまう場合もあります。

■ 二代目以降に承継したい「事業に対する意識」とは？

企業が持続的に成長していけるかどうかは、事業承継において連続もしくは非連続の変化（イノベーション）のメカニズムをいかに組み込んでいけるかが鍵となります。この点、過去の諸研究から、2つのことが示唆されています。

第1が、創業者精神をいかに二代目以降の経営者に承継していけるかです。特にファミリービジネスにおける二代目以降の経営者の場合、いかに後継者が事業に対する当事者意識を高めて事業に当たるかが重要になります。日本の老舗企業の中には、後継者が幼い頃から会社行事に参加させるなど、少しずつ意識づけを行うような工夫がなされています。また、創業経営者の精神を「経営理念」という形で、後継世代に承継しようとしている企業も多くあります。

第2が、二代目以降の経営者世代が保守的な姿勢にならずいかにリスクを厭わず進取的行動にチャレンジする精神を承継できるかです。創業経営者がそうであったように二代目以降の経営者にも、経営環境の変化の機微を察知して事業の機会と脅威を認識できる能力が必要となります。例えば事業承継のプロセスを通じて本業内での新事業立上げを上手に活用するなど後継者に事業観を涵養する時間と空間を準備することが重要となります。

02　先代経営者の事業に対する意識

■ 創業経営者は事業承継に消極的

欧米の研究では、特に創業経営者の場合、次世代への事業承継に対して

消極的な傾向があることが明らかにされています。ここでは、先代経営者の意識が後継者の育成や選抜に与える影響について考えていきましょう。

創業経営者は事業を自らが育んできたからこそ、二代目以降の経営者と比較して会社に対する思い入れが大きくなります。すなわち、創業経営者は事業を自らが築き上げた巨大建造物として認識しやすいことがKets de Vries（1985）などの研究から明らかにされています。

創業経営者は、自社の発展に自分自身の成長や夢を投影してしまうのです。この心理的な傾向は、エディフィス・コンプレックスと呼ばれています。このエディフィス・コンプレックスによって、創業経営者は時に自分の子弟であっても事業の引継ぎを躊躇する場合があるようです。

それだけではありません。偉大な事業の創造者として長期的に組織に君臨することで、組織の中で絶対的な存在感が形成されます。これが、組織における後継者の創造性の芽を摘んでしまう可能性があります。

例えばHall（1986）など過去の研究からは、創業経営者は事業承継後も自分の影響力を維持できるような後継者を選ぶ傾向があることも示されています。これには、後継者の選抜や育成において次の2つの悪い影響をもたらす可能性があります。第1に、先代経営者に対して親密で従順ではあるけれども、経営能力が低い後継者を選んでしまうことです。第2に、たとえ実績があり能力もある後継者を指名しても、先代経営者が後継者になかなか経営の実権を与えず自身が実権を握り続けてしまうことです。

先述のエディフィス・コンプレックスが、後継者の選抜や育成においても影響する可能性が示されているのです。

事業を「先代からの預り物」と見なす日本の老舗企業

足立（1993）や前川・末包（2011）など日本の研究では、「駅伝タスキ経営」という概念で老舗企業の事業承継が説明されています。この概念は、事業承継を駅伝レースに例え、現経営者は先代世代（前走者）から事業（タスキ）を引継ぎ、次世代（次走者）に引き継ぐというというものです。

実際の日本の老舗企業でも、事業は先代経営者からの大切な預かり物であるという口伝や家訓があります。この駅伝タスキ経営の概念には、事業が現世代の私有物ではなく数世代にわたる世代間の共有物であるとの意味が込められています。事業が世代間による共有物であるという認識は、事業経営における現経営者自身のエゴを抑制できる可能性を高めます。

　それだけではありません。事業が世代間の共有物であるからこそ、事業が現世代で完結されるのではなく、次の世代への事業継続が志向されるようになります。このことが、先代経営者からの承継プロセスにおいて、後継者の長期的かつ段階的な育成が正当化されることに繋がるのです。

03　引き際と権限委譲

■現経営者の「引退回避」が後継者の訓練機会を奪う!?

　筆者は、講演会後の懇親の場などで経営者の方から、「後継者が育たないから引退できないんだよね」というご相談をよく受けます。この問題は、次の経営を託せる人材が実際にいないというのが原因となっていることも確かです。

　しかし、経営者の心理的な傾向が少なからず影響している場合も存在します。過去の研究によると、例えばHandler（1994）がいうように、経営者はキャリアの終盤にかけて引退に対する心理的なプレッシャーから暗黙のうちに引退を回避してしまう傾向があるようです。このことは、後継者への権限委譲が十分に進まず将来の経営者になるための訓練機会を後継者から奪ってしまうことにつながるのです。

　引退は、経営者にとって大きく2つの意味をもつと考えられます。第1に、引退は経営者が社内の影響力を自ら引き下げることを意味します。特に創業経営者や在任期間が長くなった経営者の場合、自分がいなければ到

底会社がまわっていかないと考え、自分の存在が会社に不可欠であると思い込んでしまうケースが多いようです。社内の従業員に加え社外の顧客や取引先から絶大な信認がある場合、なおさら経営者は自ら第一線を退きにくくなるかもしれません。第2に、経営からの引退は自分の社会的使命の消失に繋がってしまう可能性も秘めています。経営者は会社が自分の人生そのものであると考えている場合があり、引退というキャリアの転機を乗り越えられず人生の拠り所を奪われてしまうことにもなりかねません。

■ 事業承継では「理の入口」と「情の出口」が重要

　先代経営者の引き際という課題に対して、どのような解決策が考えられるのでしょうか。

　老舗研究の前川洋一郎教授は、事業承継のエッセンスとして、「理の入口」と「情の出口」という考え方を示されています。この場合の「理の入口」とは、後継者の選抜の段階を示し、後継者の選抜は、私情を交えず合理的根拠もって行うべきであるということです。後継者の選抜が客観的に行われることによって、社内の従業員や社外の利害関係者の納得性を高めることができます。

　他方、「情の出口」とは、経営者が後継者に事業経営のタスキを渡す段階のことです。ここでは、特に後継者世代による先代経営者に対する歩み寄りが重要となってきます。経営者の引き際には、入口である後継者の選抜と反対に、後継者世代が先代経営者の非合理的な側面も許容しながら情を交えて検討されるべきだと示唆されています。

　このような「情の出口」の考え方は、経営者の引退の問題に対して2つの示唆を与えてくれます。

　第1に、後継者世代が、先代経営者の引退後の処遇を検討してあげることです。引退後の事業とのかかわり方や処遇（役割や報酬など）が明確にされることで、先代経営者はキャリア上の大きな転機を乗り越えるための心の準備ができるでしょう。早期に心の準備ができれば、円滑な世代交代

に向けた権限委譲も進みやすくなる可能性がでてきます。

　第2に、後継者世代が先代経営者の在任期間中の功績を承認してあげることです。先代経営者にとっては、自ら築き上げたレガシーが次世代から受入れられることで、逆に後継者世代の方針を受入れやすくなるでしょう。このことは、世代間で異質な価値観を認めあうことに繋がり、イノベーションの芽を育むことにも繋がるかもしれません。

　事業承継の出口である引退では、人間の情、つまり世代間相互の配慮と承認が重要な鍵となってくるといえるでしょう。

事業承継後の先代経営者に求められる役割

■ **先代の影響力が残ると、次世代の経営者が育ちにくい**

　政治の世界や企業では、先代実力者の引退とは名ばかりで、後継者に権限委譲がなされず先代が影響力を維持し続けてしまうことがよくあります。かつて大河ドラマの中で、二代目将軍徳川秀忠が幕府の方針を決めきれないため、幕府の重臣がその都度、駿府の大御所・家康のところにおうかがいをたてるシーンがありました。

　このような先代の影響力の長期化は、後継者の成長に悪い影響を与えてしまう場合もあります。後継者単独で経営上の意思決定ができず、常に先代経営者の顔色をうかがわなければ物事を進めていくことができなくなるのです。これは社内の問題だけではありません。取引先や顧客からは実質的な権限は先代経営者にあると認識されてしまい、後継者単独では相手にされないことにも繋がります。これでは後継者の主体性が育たずいつまでも先代経営者に依存することとなってしまいます。

　それだけではありません。先代経営者の関与の強さは、後継者の独創的な思考や行動を制御してしまいがちです。このせいで、組織にとってのイ

ノベーションの芽を摘み取ってしまっている可能性もあります。

　さらには、後継者を支える次世代の経営幹部が育たないという問題も生じるでしょう。先代世代の経営幹部が実権を保有している間は、次世代の経営幹部が重要局面に参画できないことがよく起こります。その結果として、後継者の右腕となる経営幹部が育たないことに繋がってしまうのです。

■ 先代経営者に求められる役割は大きく3つある

　しかし、承継後の先代経営者の関与は消極的な意味だけではありません。先代経営者のかかわり方次第では、円滑な事業承継の実現にとって積極的な意味が出てくるのです。以下3つの役割について考察しておきましょう。

　第1が、良き経験の伝承者としての役割です。先代経営者は、時代が異なるものの厳しい環境を生き抜いてきた先達です。後継者は、承継プロセスを通じて先達の叡智から学び、自らの経験不足を補っていくことが重要となります。

　第2が、異質な価値観をぶつけあう相手としての役割です。先代世代の経験は、時代背景が異なるために決して現代でも万能なものではありません。一方で、後継者の発想は新しい反面、組織から受入れられない可能性もあります。次世代の新たな価値観と先代経営者の経験との相互作用の場が形成されることで、企業変革の発露を組織にもたらしてくれる可能性があるのです。

　第3が、経営の牽制者としての役割です。後継者が無茶な意思決定を行おうとした際に、先代経営者によって適正な経営を行うよう規律づけがなされることです。これは、事業承継後に後継者の経営上の暴走に歯止めをかけてくれる可能性があります。

■ 承継後の「先代のエネルギーの振り向け先」を検討することも必要

　事業承継において、新旧世代間の経営に対するエネルギーを上手に調整することは重要な課題です。この課題に対して、Cadieux（2007）など過

去の研究では、先代経営者の経験や価値観に応じた事業承継後の関与の方法を示しています。

　例えば、先代経営者が、技術的な支援者として会社の経営にかかわっていく方法です。製造業では、技術者が創業経営者として事業を立上げ大きくしてきたような会社が多くあります。このような場合、先代経営者が事業承継後に経営の中心人物として事業にかかわるのではなく、技術の専門家として、もしくは次世代の技術者の育成にかかわるという方法があります。この方法によって、先代経営者は企業にかかわるうえでの新たな使命を見出せる可能性が高まります。

　事業承継後における先代経営者の新たなエネルギーの振り向け先を検討することは、スムーズな事業承継において必要なことなのです。

05 人生のライフサイクルと事業承継

■ 経営者のライフサイクル

　次世代を育む行動は、概念的にどのように説明できるのでしょうか。この問いに、発達心理学者のエリクソン（Erikson, E. H.）によって提唱されたライフサイクル説が１つの示唆を与えてくれます。

　ライフサイクル説は、人生を８つの段階に分け、各段階において克服するべき発達課題を提示しています。この概念は、特にファミリービジネスに限定されてはいませんが、親が子を産み育むという親子関係にかかわる視点が内在しています。

　ライフサイクルの最初の段階では、両親との間で基本的信頼を育むことが発達課題とされています。ファミリービジネスの場合に、現経営者が自分の子弟を後継者にしようと考える（もしくは、子弟が現経営者の事業を引継ぐことを受入れる）根拠の１つが、この乳児期における基本的信頼に

図4 ライフサイクル漸成説

	1	2	3	4	5	6	7	8
Ⅷ 老年期								結合 対 絶望、嫌悪 **英知**
Ⅶ 成人期 (中年期)							世代継承性 対 停滞 **世話**	
Ⅵ 前成人期						親密 対 孤立 **愛**		
Ⅴ 青年期					同一性 対 同一性混乱 **忠誠**			
Ⅳ 学童期				勤勉性 対 劣等感 **適格**				
Ⅲ 遊戯期			自主性 対 罪悪感 **目的**					
Ⅱ 幼児期初期		自立性 対 恥、疑惑 **意志**						
Ⅰ 乳児期	基本的信頼 対 基本的不信 **希望**							

出所:Erickson & Erickson(1982)の図式2(訳書2001、73頁)を筆者が一部加筆のうえ引用。

あるといえるかもしれません。

人生の停滞感から「次世代を産み育む意識」が芽生える

次に、ライフサイクル説が提示している重要な視点が、中年期の発達課題である世代継承性という概念です。

同じく発達心理学者のレビンソン（Levinson, D. J.）は、中年期を「中年の危機」という表現を用いて説明しています。人が生を受けてこの世に誕生し、人生の折り返し地点を過ぎる頃、自己の将来展望を図る中で人生の停滞感を覚えはじめるとレビンソンは指摘しています。例えば、中年期に差しかかった会社員が将来の出世の可能性に限界を認識しはじめたような段階を思い浮かべるとわかりやすいでしょう。

　つまり、人間が人生の中年期に差し掛かる頃に、自分の代では達成できないものの存在を意識するようになります。この中年期における課題に対して、ライフサイクル説では、次世代を産み育むという行為を通じて停滞感を克服して自己の心理的統合を図ることを指摘しています。

　ここからは、親世代は自分の世代で成し遂げられなかった夢を次世代（子孫など）に託すことで、心理的な発達課題を乗り越えられるという意味が示唆されています。世代継承性の概念は、親子の「関係」の視点だけではなく、親から子への「継承」の視点を提供してくれています。

■ 後継者を通じて「事業への夢や思い」の実現を図る

　ファミリービジネスは親から子へ事業承継されることが多い組織です。この世代継承性の概念は、特に中年期以降の現経営者が後継者への事業承継を志向しはじめる段階で参考にすることができます。経営者も一人の人間であり、経営者自身のライフサイクルが存在します。

　若い時にはすべて自分の代で成し遂げられると考えていても、経営者としても個人としても時間の移り変わりの中で自分の老いを意識し、達成できないものを認識しはじめる時が訪れます。そのような時、経営者はいわば、自分の子弟（後継者）を通じて事業における夢や思いを実現しようとしているのかもしれません。

　だからこそファミリービジネスでは、長期にわたる承継プロセス、すなわち子弟に対する長期的な後継者教育が正当化されているのかもしれません。このように、世代継承性という概念は、ファミリービジネスの事業承

継を考えるうえで新たな視点を提供してくれる可能性があります。

 ## 世代継承性の観点から見る事業承継

■ 世代継承性の類型にはどのようなものがあるか？

　本節では、世代継承性という観点から老舗企業の事業承継について考えていきたいと思います。世代継承性の概念は、親が子を産み育むという行為を通じて中年期の停滞感を克服して自己の心理的統合を図ろうとすること、つまり中年期の発達課題のことでした。では、この世代継承性の概念は、親子間の現象だけを説明するのでしょうか。この問いに対して、コートル（Kotre, J. N.）は多様な世代継承性の類型を提示しています。

　第1が、世代継承性の「対象」に関することです。親子関係にある自分の子どもに限ることなく、仕事上の部下にあたる従業員なども対象とされています。つまり、先達の職人が次世代の職人にかかわるようなことも含まれるのです。

　第2が、世代継承される「内容」に関するものです。次世代への継承内容が、先代や先達からの技術や文化までを広く含む概念となっています。つまり、単なる親子間の躾や養育だけではないのです。

■ 2つの世代継承性が内在する老舗企業の事業承継

　Kotre（1984）が指摘する世代継承性の中で注目するべきが、「文化的世代継承性」です。彼の世代継承性の類型の中で、この文化的世代継承性以外の類型のすべては、例えば、親と子、仕事上の上司と部下など隣接する二世代間に関するものです。他方、最後の文化的世代継承性は、継承内容に文化や習慣を含み、数世代にわたる現象を説明する概念といえます。

　これまでの考察を踏まえると、数世代にわたり代を重ねてきた老舗企業

表1　世代継承性の類型

類型	内容
1. 生物学的世代継承性	子をもうけ、養育する。 　世代継承性の対象：幼児期までの子ども
2. 親の役割としての世代継承性	子どもに外の世界で生きるための準備をさせる。 　世代継承性の対象：児童期の子ども
3. 技術的世代継承性	子どもに技術を伝える。技術には、自転車の乗り方を教えることから、従業員に新しいコンピューターのシステムを使えるように訓練することまで、広範囲を含む。 　世代継承性の対象：見習工など↔技術
4. 文化的世代継承性	文化、すなわち社会の価値、標準、習慣、信念や象徴的制度の発展、維持、伝達を行う。 　世代継承性の対象：従業員など↔文化

出所：Kotre（1984）の表I（p.12）について、将来世代総合研究所編（1999）の記述（14頁）を参考に筆者が訳出、引用。

の事業承継には、2つの世代継承性が内在していることが示唆されます。

　第1に、「親」としての現経営者から「子」としての後継者への二世代間にかかわる世代継承性です。つまり隣接世代における世代継承性のことになります。

　第2が、先述の「文化的世代継承性」、つまり数世代にかかわる世代継承性のことです。老舗企業の場合、後継者には創業以来の商慣習やしきたりが求められることが多くあります。老舗企業の経営者は、後継者に関与する際に、「親」としての性格に加えて、「伝統や慣習の継承者」としての役割を果たそうとする存在であるといえるでしょう。いい換えれば、老舗企業の事業承継者の間では、自分達を伝統や慣習の継承者と認識するからこそ、先代から事業を大切に預かり後継者に引き継がねばならないと認識しているのでしょう。文化的世代継承性の概念から老舗企業の承継事例を考察することで、事業承継の多様性を理解することができます。

POINT
現経営者の役割におけるポイント

　事業承継における現経営者の課題として、自身の引退プロセスや後継者への権限委譲などをどのようにマネジメントするかが重要であることを説明してきました。

　一般企業においても、現経営者が後継者に事業を承継した後も引き続き影響力を保持しようとする傾向が多くの事例で見られます。例えば、代表権を引き続き保持する場合と保持しない場合はありますが、会長や相談役として企業に残るケースがそれに当たります。ここで、先代経営者が承継後も企業に引き続き在籍すること自体が問題なのではありません。これまで述べてきたように、後継者への事業承継とは名ばかりで実質的な企業の意思決定者が先代経営者のままであると、様々な問題を生み出す可能性が出てくるのです。

　事業承継後の先代経営者の新たな役割は、いくつかあげられます。

　第1に、先代経営者が後継経営者の経営上の良きご意見番となることです。先代経営者は後継経営者より経験が豊かであるため、後継経営者が困難に直面した際のメンターの役割が果たせる可能性があります。また、後継経営者への牽制と規律づけの役割も期待できます。後継経営者にとっては、側近の経営幹部からの意見よりも先代経営者からの指摘の方が緊張感を高められる可能性があります。

　第2に、先代経営者が後継経営者との間で役割分担を行うことです。例えば、先代経営者が対外的な活動（経団連や商工会など）を担い、後継経営者が組織内部のマネジメントを担当するようなケースです。対外的な活動とは、多様な外部の利害関係者を含みます。後継経営者が組織の内部のマネジメントに慣れていく間、先代経営者が外部の利害関係者との関係を維持して後継経営者をサポートする方法ですが、その後段階的に、外部の利害関係者との関係も後継経営者に承継していくというものです。

　このように組織の内部の承継と外部の承継が分離されて段階的に事業承継が進められることは、承継に伴う後継者の負担が軽減されることにも繋がります。また、後継者が組織内部を理解したうえで外部の利害関係者と交渉を行うことで、自社の置かれた状況に則した関係を築くことができます。

第3章

後継者の当事者意識と独自性の育成

01　後継者育成の難しさ

　後継者の育成は事業承継の最も重要なテーマです。後継者問題とは、後継者の有無だけではありません。最近の事業承継の事例を見ると、後継者候補が存在していても、彼らに承継の意思と能力があるかどうかが重要な問題となっています。能力は後天的に養成することができても、意思をもたせることは容易ではありません。本節では、なぜ後継者に事業承継者としての意識を高めさせることが難しいのかを考えてみましょう。

■ 後継者の複雑な立場

　一口に経営者といっても、創業経営者と二代目以降の経営者とはおかれる環境や求められる能力が異なります。

　創業経営者は、事業をゼロから立上げて、いくつもの困難を克服してきた功労者です。しかし、中小企業の大半を占めるファミリービジネスの二代目以降の後継者の場合、家業の経営を他人事として捉えてしまいがちです。彼らは、創業経営者とは別の、乗り越えるべき課題（宿命）を抱えています。後継者の乗り越えるべき課題は、創業経営者が選んだ道（事業経営）をいかに自分の問題として受入れるかということになります。事業承

図5　老舗企業の後継者の立場

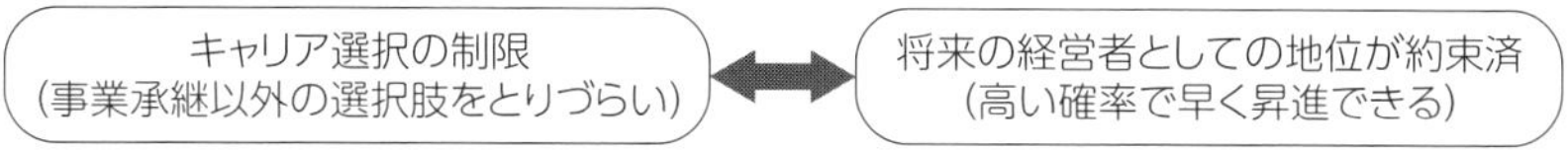

キャリア選択の制限
（事業承継以外の選択肢をとりづらい） ⟷ 将来の経営者としての地位が約束済
（高い確率で早く昇進できる）

出所：筆者作成。

継では、後継者がいかに事業経営へのコミットメントを高められるかが課題となるのです。

ファミリービジネス研究のガーシック（Gersick, K. E.）教授は、事業を受け継ぐ後継者について、「約束された後継者」という言葉を使って説明しています。将来の事業承継が約束された地位は、通常、自分が特別な人間であるという甘美な感覚を後継者本人にもたらします。他方、この約束された地位は、後継者にとってキャリアの選択肢を狭めることも意味します。

幼少期からの意識づけが慣習化した日本の老舗企業

それでは、将来の事業承継が約束された後継者は、いかに次世代の事業の当事者としての意識を高めていくのでしょうか。

日本の老舗企業では、長子相続制度を採用する企業が多く存在します。そのため、後継者を選抜するというよりも、定められた後継者を育成するということが重視されます。

筆者の調査によると、いくつかの老舗企業では、後継者に事業の当事者意識をもたせるために、幼少期からの意識づけの慣習がみられます。例えば某企業では、週末の家族との外食の後に幼少期にある子供を親（経営者）が会社に連れて行くなどして、会社に親近感をもたせるような工夫がなされていました。他の事例では、会社の神事における参拝の順番において、社歴の長い経営幹部・役員の前に、入社前でしかも幼少期にある後継者を経営者（当主）の次に行わせるようなしきたりがありました。後継者の事業に対する当事者意識の醸成は、幼少期から日常生活の中で養われていく

様子が見て取れます。

　それだけではありません。この2つの事例からは、後継者自身の問題だけではなく、他の従業員に対しても、将来の後継者が誰であるのかを暗に示すメッセージ効果があるといえるでしょう。

　同じようなことは、日本の伝統芸能の世界でも行われています。例えば、歌舞伎の世界では幼少期に初舞台を踏ませる慣習があります。名門の市川家などでも本人への意識づけと共に、贔屓筋に対して将来の「團十郎」として受入れてもらえるような伏線がしかれているといえます。

■ 自社を客観的に考えさせる訓練も有効

　逆説的かもしれませんが、老舗企業の中には自社への参画意識を高めるために、敢えて、他社勤務を経験させる、あるいは関連会社や子会社の経営を経験させるケースもあります（詳細は本章で後述）。確かに自社で修行を積むことが内情を良く理解するためには近道ですが、後継者の考え方が自社の慣習と同質化してしまいがちです。敢えて本社から物理的に離れた経験をさせることで、一歩離れて自社を客観視でき、冷静に自社を見る能力が養われます。また、第7章で後述しますが、後継者にとっては、家業のヒト、モノ、カネという利用可能な経営資源が制約されることで、企業家精神が涵養されるような効果も期待できます。可愛い子には旅をさせよということわざが、老舗企業の事業承継において実践されています。

02　後継者のキャリア設計

　取材先で、ある企業の後継者の他社経験についての逸話を聞いたことがあります。その会社の後継者は、海外に留学して、そのまま外資系企業に入りました。そこで数年間の実務経験を積んだ後に、家業を継ぐべく入社しました。ところが、そこから悲劇がはじまりました。大手企業向けの経

営手法を用いて、家業の歴史的な背景を無視した経営改革をはじめてしまったというのです。一時期、長期的な取引関係を築いてきた取引先や顧客が離れ、経営危機に直面したという話です。

このエピソードから考えられるのは、後継者にやみくもに他社経験をさせるだけでは、事業承継が成功するとは限らないということです。

現経営者は、後継者に家業を継がせるに当たって、新卒で入社させるか、または他社を経験させて入社させるかを、家業の実態に照らして検討しなければなりません。以下、双方の利点と欠点について考察することにしましょう。

■ 後継者を新卒で入社させるメリット・デメリット

最初に、後継者を新卒で入社させる場合について考えていきましょう。新卒入社における利点は、後継者が自社の慣習に早くから馴染むことができることです。結果として、早い段階から先代世代の経営幹部や従業員から受入れられやすいことがあげられます。また、自社特有の能力（他社にない専門的な技術など）を身につけることができる点もあげられます。

他方、欠点も存在します。他社経験がない分、後継者は自社の慣習やしきたりを絶対視してしまうあまり、思考や行動に保守的になりやすい傾向が見られます。

■ 後継者を他社経験後に入社させるメリット・デメリット

次に、後継者を他社経験後に入社させる場合について考えてみましょう。

他社経験後の入社における利点は、後継者が学んできた自社以外の多様な価値観を自社にもち込んでくれる可能性があることです。先代世代との間で多様な価値観をぶつけあうことは、イノベーションの発露にも繋がります。また、多様な価値観を醸成できることは、後継者に自社を客観的に見る力を養成することにも繋がります。

しかし、他社経験後の入社にも欠点があります。それは、自社の慣習や

しきたりを重んじる先代幹部や従業員に対して、後継者が他社経験を誇示しすぎると、仕事上の距離感が生じてしまうことです。仕事上の距離感の発生は、後継者が仕事をしにくくなることに繋がります。

■ 自社の経営戦略や後継者の将来性を十分に勘案する

　後継者の入社前の経験を設計する際に、新卒かそれとも他社経験後に入社かという二元論で考えるのはあまり意味がありません。自社の業種や経営環境、自社の歴史的な背景などに応じて、様々な選択肢を検討する必要があります。将来の事業承継が予定されている後継者だからこそ、一般的なキャリア・リスク（例えば、離職期間の長さ、転職の回数など）を考慮することなく、変幻自在に後継者の入社前経験の設計ができるといえるでしょう。

　例えば、将来的に海外での新市場開拓を検討している企業であれば、後継者を海外に留学させて、現地の文化や習慣を身につけさせるということもできます。あるいは、重要な取引先を深く理解させるために、一定期間、後継者を取引先に入社させる方法もあるでしょう。

　さらには、家業を継がせるべく新卒入社させて少し経験を積ませた後、社会人大学院で学ばせて家業における仕事の意味を内省させるのも良いか

表2　後継者の入社タイミングの比較

	新卒での入社	他社経験後の入社
利点	・早期に自社の慣習に接することができ、従業員に受入れられやすい ・早期から自社特有の能力が養成できる　　　　　　　　　　　　　　　など	・多様な価値観を自社に持ち込める ・自社を客観的視点から捉えることができる　　　　　　　　　　　　　　　など
欠点	・自社の慣習やしきたりに同質的になりやすい ・自社のぬるま湯に浸ってしまう可能性がある　　　　　　　　　　　　など	・他社経験を誇示しすぎると従業員と仕事上の距離感が生じる ・自社の慣習やしきたりを軽視しやすい　　　　　　　　　　　　　　　など

出所：Barach et al.（1988）の表2（p. 53）を筆者が訳出、一部加筆修正のうえ引用。

もしれません。後継者のキャリア設計は、自社の経営戦略や後継者の将来性を勘案しつつ、多角的かつ多面的に検討していくことが重要となります。

他社修行

■ 他社なら後継者として「特別扱い」はされない

後継者の入社前の他社経験には、後継者の学習（直接効果）、並びに自社と他社との関係構築（間接効果）という2つの重要な効果が存在します。

後継者にとって他社での勤務は、家業と違い、後継者として特別扱いをされる環境にありません。あくまで他の従業員と同様に、組織人としての訓練が施されます。後継者はいずれ自社に戻るため、この他社経験の期間は限られたものとなります。この限られた期間に、いかに将来の経営者として必要な経験を積ませられるのか。後継者の修行の場の選択は、事業承継を進めていくうえで重要な意味をもっているのです。

■ 自社を客観的に見る目を養える

一般的に後継者の他社経験とは、後継者に外部の仕事経験を積ませる目的で行われます。以下、他社での仕事経験の種類と効果について見ていきましょう。

第1に、自社と異なる業種で学ばせることによる効果があげられます。例えば、家業と関係のない業種で学ぶ場合、後継者は新しい商慣習や組織文化に触れることを通じて新しい価値観をもち込みやすいでしょう。

第2に、家業と何らかの関係がある企業で学ばせる効果です。例えば、同業他社で学ぶ場合、製品の企画や生産工程、市場開拓などについて、自社にはない知見を吸収することができるでしょう。それだけではありません。入社した企業でどのような職務を提供されるのかということも、後継

表3　後継者の他社経験の効果

種類（自社との関係）	直接効果（後継者への効果）	間接効果（後継者を介した自社への効果）
仕入先企業	原材料の改良や開発等、供給サイドの視点の醸成	安定的な原材料供給先の確保
顧客企業	顧客の嗜好やニーズの把握など、需要サイドの視点の醸成	安定的な製品・サービス販売先の確保
同業他社	自社にはない生産・販売プロセスの知識習得	技術開発や共同販売のような水平的な企業提携の可能性
金融機関	資金の調達・運用という財務的な視点の醸成	金融機関とその取引先との関係構築による対外ネットワークの獲得
異業種	自社の業界では発想しにくい思考や行動の養成	基幹事業の成熟に伴う事業の多角化（非関連事業含む）の展開

出所：筆者作成。

者の学習の点で重要となります。例えば、経営企画、財務、人事のような経営管理要素が高い職務は、後継者にとっては重要な仕事経験になるでしょう。また、製造や販売のような職務では、業種ごとまたは製品・サービスごとの特性を学ぶことができるでしょう。

　このように、後継者にとっての他社経験とは、新しい視点を得て自社を客観的に見る目を養わせる効果があることがわかります。

■ 他社だから可能なネットワークが構築できることもある

　後継者の他社経験による効果は、後継者自身にとっての仕事経験からの学習効果だけではありません。後継者の他社経験を媒介にした間接的な効果は、後継者個人ではなく、組織への効果といえるでしょう。

　組織への効果として第1に、自社と他社の関係構築の効果があげられます。例えば、重要な顧客企業で後継者を勤務させる場合、自社にとっては顧客サイドの視点から自社の製品・サービスを企画開発できる能力を蓄積することができるでしょう。これによって、顧客企業からの信頼を得て長

期的な取引関係が実現するかもしれません。

　第2に、対外的なネットワーク（地元の人脈など）構築の効果が考えられます。例えば、地元の金融機関で後継者が勤務する場合、後継者は取引関係を通じて地域の様々な企業との業種にとらわれない繋がりをもつことができるでしょう。この関係は後継者が家業にもどって経営者に就任してからも、重要な役割を果たしてくれる可能性があります。

　このように後継者の他社経験とは、仕事経験からの後継者自身の学習の問題だけではありません。後継者の修行の場の選択によっては、自社と他社との関係にも影響を与えうる、重要な課題といえるでしょう。

04　入社後の初期の仕事経験

　一般的にあらゆる仕事で、新人には修業の期間が存在します。将来の事業承継が予定されているファミリービジネスの後継者も例外ではありません。筆者による老舗企業の調査でも、入社後、初期の仕事経験の積ませ方に様々な方法がとられていることが明らかになっています。本節では、長期にわたる後継者育成において、特に初期の仕事経験がもつ2つの要素について考えていきます。

■ 家業の仕事の基本を「より深く」学ばせる

　初期の仕事経験がもつ第1の要素が、自社の業務の基本的な手順や方法の習得です。山本海苔店（東京都）の事例では、歴代の後継者に、仕入部を経験させる慣習が存在しています。これは、仕入部の仕事は各部署との横断的な連携が必要な業務であり、全社的な業務の動きを理解することができるからです。また、近江屋ロープ（京都府）では、後継者は入社後かならず営業部門に配属され、6ヶ月間、経験豊かな営業社員に同行して業務を学んでいました。これは、同社の基幹事業である営業部門では、現場

の顧客接点における提案や関係維持、新規開拓などの業務の基本を学ぶことができるからです。

このように初期の仕事経験では、将来の経営者として帝王学を学ぶというよりも、自社の製品・サービス、各部署の役割、取引先との取引慣行など自社を理解することに重きがおかれています。

■家業の組織文化や商慣習をきちんと理解させる

初期の仕事経験がもつ第2の要素は、関係者(従業員など)と後継者との関係性の構築にかかわるものです。

入社直後の後継者にとって、従業員は、仕事経験のうえで先輩に当たります。経験豊かな従業員から受入れられるためには、後継者が家業の組織文化や商慣習を理解しなければなりません。

某企業では、後継者が入社初期の頃に現場従業員と協働して煮炊きものを製造する現場の作業を経験していました。また、他の事例の後継者の場合は、製造工場において他の従業員よりも早く出社して製造業務に従事するよう現経営者から指導されていました。

現場での仕事経験は、後継者にとって仕事そのものに対する学び以上に、現場従業員との仕事の協働を通じて後継者が組織から受入れられる可能性を高めてくれます。極端な話をすれば、後継者は将来の事業承継が予定されていることから、職場の同僚や上司に気兼ねする必要がないともいえます。しかし、気兼ねする必要がないからといって後継者が高飛車な態度をとってしまうと、将来組織の中で裸の王様になってしまう可能性もあります。初期の仕事経験は、後継者が将来の経営者として組織から受入れられる下地づくりとして重要な意味をもっているといえるでしょう。

かつての三井家の家憲である『宗竺遺書』によると、「同族の子弟は丁稚小僧の仕事から見習わせて、習熟するように教育しなければならぬ」と定められています(三井広報委員会ウェブサイト)。ファミリービジネスの後継者は将来の経営者候補であるからこそ、事業の当事者として家業の

表4　後継者の入社後初期の仕事経験がもつ2つの要素

個人的要素	・業務の基本的な手順や方法の習得 ・自社の製品・サービスの理解 ・自社の各部署の役割の理解 ・外部の取引先（仕入先・顧客）との取引慣行等の理解　など
関係的要素	・自社の組織文化や商慣習の習得 ・世代間における相互理解の促進 ・先代世代の従業員からの受容 ・伝統的な取引先（仕入先・顧客）からの受容　など

出所：Barach et al.（1988）の図1（p. 52）および後藤編著（2012）図表5-5を参考に、筆者作成。

仕事の基本をより深く学び、家業の価値観を理解することによって従業員からも受入れられなくてはなりません。だからこそ、三井家では、後継者が家業における初期の仕事経験の重要性を認識し、家訓として世代から世代へと承継していったといえるでしょう。

05　後継者の育成と番頭の役割

　ファミリービジネスでは、現経営者と後継者の間に親子関係がある場合がよくあります。その場合、現経営者（親）が後継者（子）に対して担うべき役割の中で、難しい役割がいくつかあります。

　日本の老舗企業では、親が子に対して行いづらい役割を、親子関係にない番頭（経営者の右腕となる経営幹部）が行うことがあります。番頭の役割は大きく分けて2つあります。1つは承継プロセスにおける後継者への牽制と規律づけの役割であり、もう1つが後継者の次期経営者としての正統性獲得のためのサポートの役割です。

■ 親子でないからこそ可能な後継者への牽制と規律づけ

　老舗企業では、しばしばガバナンスの問題が議論されています。特に、

経験が浅い後継者に対する牽制と規律づけは、事業承継において重要な課題となります。一般的には、現経営者が後継者育成の観点から牽制と規律づけを担うべきでしょう。しかし実際には、親が子に仕事世界における牽制と規律づけを行うことは難しい問題を抱えています。これには２つの理由が考えられます。

　第１が、経営者と後継者の親子が親子関係に起因する感情を職場にもち込みやすいことです。身内びいきや身内の甘やかしの問題が、後継者への適正な牽制や規律づけの障害になってしまうことが、例えば後藤編著（2012）など多くの研究で示されています。

　第２が、経営者と後継者の親子としての立ち居振る舞いが、血縁にない多くの従業員の目に晒されていることです。現経営者による後継者の特別扱いが過ぎてしまうと、多くの従業員の仕事意欲に負の影響を与えてしまう可能性があります。

　このような中で、後継者に対する牽制と規律づけを行う役割を期待されるのが番頭なのです。番頭は、後継者と直接の親子関係にないため、後継者の言動を客観的に評価して指導を行うことができます。また、親子関係にない番頭が後継者に対する牽制や規律づけを担うことで、後継者が無条件で特別扱いされるわけではないというメッセージを周囲の従業員に対して暗に示す効果も期待できます。

　それだけではありません。番頭には、先代世代の価値観や経験の伝承者となることも期待できます。創業者である先代世代の功績について、実の親では上手に伝えられなくても、第三者の立場である番頭であれば説得力をもって後継者に伝えることができるかもしれません。後継者の良きご意見番としての役割が期待できるのです。

■ 次期経営者としての「権威」の構築もサポート

　もう１つの番頭の重要な役割としては、次期経営者としての正統性獲得に当たって後継者をサポートする役割です。

将来の事業承継が予定されている後継者といえども、入社当初は周囲の従業員から十分に受入れられていない状況が想定されます。このような状況の中で、番頭は意図的に、後継者に対して着実に能力の蓄積をはかれるような時間と空間を提供することがよくあります。後継者は、番頭の後見のもと一定の自律的環境が担保されることで、能動的行動が促され、能力蓄積をはかることができるのです。

　また、番頭は後継者と従業員との関係を繋ぐ役割も担っています。後継者は将来の承継予定者であり、従業員からは、最初から特別な存在として見られます。これは自ずと、後継者と従業員との間の仕事上の心理的な距離感を生じさせます。筆者の研究によると、この仕事上の距離感を埋める方法として、番頭が後継者に対して従業員目線で仕事をするよう厳しく指導している事例が複数見受けられました。

　例えば、某企業では、多くの従業員が見ている前で番頭が、後継者に対して、率先して最も危険な仕事をするよう厳しく叱責しているケースがありました。また、別の事例では、後継者が従業員と積極的にかかわりをもてるような職場環境づくりを番頭がサポートしているケースもありました。

　このように、日本のファミリービジネスにおける番頭は、経営者（親）と後継者（子）の関係を調整するだけではなく、後継者に対する経営上のガバナンスや次期経営者としての権威づけにおいても、重要な役割を担っているのです。

 生まれながらの地位

■ 生まれながらの地位がもつ意味

　現経営者の子が有する地位については、生得的地位の概念に基づいて考えると理解しやすくなります。生得的な地位とは、生まれながらにして保

有する地位のことを示します。

　例えば、徳川将軍家の事例がこの地位の意味を理解することに役立ちます。標準的な日本史の教科書によると、三代目将軍家光は「余は生まれながらの将軍である」と述べたことが記載されています。これが示す意味は、初代将軍徳川家康の直系長子に生まれた孫の家光は、自分の実績や能力いかんにかかわらず将来の将軍の地位が約束されていることを暗に示したかったのだと考えられます。

　このような長子相続制度は、世界各地でも多く見られる制度です。例えば、中国の皇帝、西欧の王室、日本の天皇家などがあげられます。特に日本の場合、歌舞伎や浄瑠璃のような伝統芸能の世界、茶道や華道などの芸事の世界や政治の世界においても見られます。そして、創業100年以上の老舗企業など企業経営の世界においても存在する制度なのです。

　筆者の研究によると老舗企業の中には、歌舞伎（例えば市川團十郎）などと同様に、苗字だけではなく名前まで、世代から世代へと受け継がれている企業も多数存在しています。

■ 組織の中で、無条件には受入れられないこともある

　この生まれながらの地位は、どのような意味をもつのでしょうか。世代から世代へと経営者として地位が承継されていくことは、後継者にとって自律的な要素と制約的な要素の2つの意味を生み出すと考えられます。

　第1に、自律的な要素とは、後継者が生まれながらにして将来の経営者としての地位が約束されていることを示します。一般的な非ファミリービジネスの場合、従業員は長期的な出世競争を勝ち抜いて経営者の地位に上っていきます。当然、経営者に昇格する人材は、能力もさることながら社内の人間関係も上手に処理していく力が求められます。

　他方、ファミリービジネスの後継者の場合、いわば将来の縦方向のキャリアが保証されていることから、極端な話、上司や同僚に配慮する必要はありません。その意味では、組織の中で思いきった行動がとりやすく非連

表5　後継者の生得的地位がもつ2つの要素

自律的な要素	制約的な要素
・将来の経営者としての地位が約束されている ・自分の上司や同僚に迎合や配慮をする必要がない　など	・先代の経営幹部や従業員から無条件には受入れられない ・キャリア選択の機会が限定されている　など

出所：落合（2016a）の図 8-6（181 頁）を参照のうえ、筆者作成。

続的なイノベーションをおこしやすいという積極的な意味が見出されます。

しかし、生得的な地位は制約的な要素も生み出します。ファミリービジネスの後継者は、特に入社当初には自分の実績がないために、先代世代の経営幹部や従業員から認めてもらえないということがよくあります。

筆者の老舗企業の調査においても、このことは示されています。例えば、某企業の事例では、後継者が先代世代の従業員に対して社内の制度改定の指示を出しても、配下の従業員が一向に指示を実行に移されないということがありました。また、別の局面では、後継者の業務の改善提案に対して、先代経営幹部からその提案の再考を促されるということもありました。

当該事例からは、生まれながらにして将来の承継が約束されている後継者といえども、無条件に組織の経営幹部や従業員に受入れられるわけではないことが示されています。

このように、生まれながらの地位について考察することは、ファミリービジネスの後継者がおかれる状況をより深く理解することに繋がります。そして、事業承継のプロセスにおいて、後継者の状況をより深く理解することは、後継者の育成において重要な視点を提供してくれることに繋がります。

07 自分の実績で築く地位

■ リーダーシップの発揮に必要な能力と実績

　獲得的地位とは、自分で築き上げた実績に基づく地位のことです。前節で触れた生得的地位との大きな違いは、自分の能力によって後天的に構築される地位であるという点です。

　では、後継者が獲得的地位を構築することは、事業承継においてどのような効果があるのでしょうか。ここでは、2つの効果を指摘しておきたいと思います。

　第1に、後継者が次期経営者に昇格するために必要な経営能力や経験の蓄積を促進させる効果です。生得的地位とは、後継者が能力や実績がなくても、いい換えれば、何の努力もせずとも生来的に獲得していた地位のことでした。他方で、後継者には、将来企業の舵取りをしていかねばならないという重責があります。後継者がたんに先代経営者の経営実践を模倣しているだけでは、経営環境の変化に適応できません。そのため後継者は、先代経営者からの承継プロセスを通じて、経営管理にかかわる様々な経験を積み、将来の経営者の任に耐えうる思考力と行動力を磨いていく必要があります。その中で実績をあげ、後継者が自身で獲得的地位を構築することは、事業承継における重要な達成目標となるのです。

■ 先代世代の従業員や顧客などに受入れられる下地の形成

　後継者の獲得的地位の構築がもつ第2の効果が、次期経営者として先代世代の従業員や顧客・取引先から受入れられる下地を形成することです。とりわけこの効果は、後継者の生得的地位のもつ欠点を埋めてくれる可能性があります。

　事業承継の古典的研究であるクリステンセン（Christensen, C. R.）の研

究によれば、後継者は自分自身で自分の能力を他の経営幹部に証明し、経営幹部からの信頼を勝ち得ていかねばならないと指摘されています。後継者の生得的地位は確かに、将来の経営者であるというメッセージを従業員や顧客・取引先に対して暗黙的に発する効果があります。とはいえ、実績や能力が伴わない場合、後継者は従業員から受入れられません。また、顧客や仕入先との取引においても、次期経営者として信認を得ることができないかもしれません。

　後継者は、自分の能力や実績を自らの力で示すことによって、獲得的地位を構築することができ、組織の内部・外部から信認（受容）される可能性が高まります。また、後継者は獲得的な地位を築くことによって、将来経営者としてのリーダーシップを自社で発揮しやすくなるでしょう。

　クリステンセンの研究はさらに、先代経営者は後継者をファミリービジネスに迎え入れることはできるものの、後継者を組織に受容させることまではできないとも指摘しています。周囲に受入れられるには、先代経営者のサポートだけでは限界があるということです。後継者自身の試行錯誤や創意工夫などの能動的な取り組みによって、実績や能力が蓄積される必要があるのです。

図6　生得的地位の弱点を補完する獲得的地位

生得的地位の積極的側面	生得的地位の消極的側面
・将来の経営者としての地位が約束されている ・自分の上司や同僚に迎合する必要がない　など	・先代の経営幹部や従業員から無条件には受入れられない（顧客や仕入先なども含む） ・後継者のリーダーシップが存分に発揮できない　など

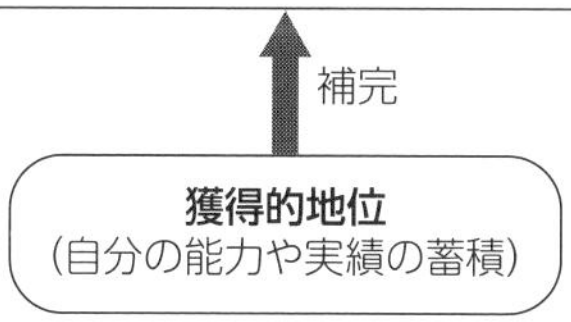

補完

獲得的地位
（自分の能力や実績の蓄積）

出所：落合（2016a）の図8-6（181頁）を参照のうえ、筆者作成。

このように、事業承継においては、後継者に獲得的地位を構築させることが重要な課題となります。
　では、具体的にどのように後継者の獲得的地位を構築させていけば良いのでしょうか。この問いについては、以降の章で考えていきます。

08　財務諸表と当事者意識の醸成

■ 自社の実態を理解させる

　企業は、ヒト、モノ、カネの束で形成されていますが、この中で「カネ」は人でいうと血液の流れや状態に当たるものです。良い流れと状態であれば、良い成果があげられます。企業も同様です。良い財政状態（BS: Balance Sheet）であれば、良い経営成績（PL: Profit and Loss）を生み出すことができます。このような企業の資金の調達と運用の状態、そして売上高や利益の成果をあらわすものが財務諸表です。
　非上場の中小企業の場合、有価証券報告書の作成義務がないので、正確な財務諸表が整備されていないケースもありますが、企業の財務諸表が重要な情報源であることは確かです。筆者の取材先企業のうち、後継者に財務諸表を共有することを重要視している企業がいくつかありました。後継者に財務諸表を見せることは、ごく当然のことと思われるでしょう。しかし、後継者が自社の健康状態を知ることの意味を考察すると、この行動が事業承継において様々な意味を生み出すことがわかります。
　第1に、後継者が自社の現状を理解することに繋がります。現経営者は、カネまわりの話を自分の子供であっても話しにくい傾向があるようです。特に、カネの問題で苦労してこなかった後継者には、財務諸表を見せることで先代世代から受けてきた恩恵の源泉を理解させることができます。それだけではありません。後継者が自社の実態を理解することは、彼らの思

考や行動を自社の実態に即したものにさせる効果があります。後継者がたとえ斬新な発想に基づく戦略立案や経営行動をしたとしても、自社の財政状態を考慮しないものは絵に描いた餅となってしまいがちです。

　第2に、後継者に自社の事業活動の特徴を理解させることができます。自社の事業投資（在庫や工場・店舗展開などへの投資）はどうなっている

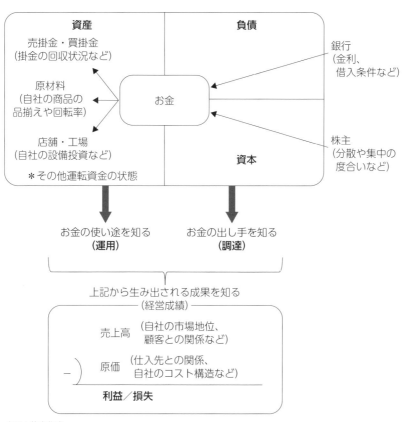

図7　財務諸表の世代間共有が生み出す効果

出所：筆者作成。

のか、積極的か保守的か、借入れと出資のバランスはどうか、資金の回収や返済は順調かなど、財務諸表からの情報は後継者に事業活動上の問題意識を喚起することにも繋がります。

　第3に、自社はどのような利害関係者からお金を集めているのか、あるいは自社はどのような利害関係者にお金を支払っているのかを理解させられることです。資金の調達や運用の状態を知ることで、自社の経営がどのような利害関係者によって支えられているのかを理解することができます。利害関係者との取引条件（仕入・販売価格や金利など）から自社の交渉力を知ることができます。また、債権者や株主の構成や分散の状況を知ることで、事業承継に伴う資本政策を検討することもできるでしょう。

■ **経営課題の世代間共有が後継者の当事者意識を喚起**

　第4に、世代間でカネにまつわる自社の問題を共有できる効果です。同じ問題を解決するにも、世代や価値観が異なると、異なる解決策が生み出される可能性があります。「親父はこういうけど、俺はこういうやり方もあると思う」という後継者の能動性を引き出すきっかけづくりになる場合もあります。さらに、この第4の効果は、後継者に、仕事の責任を回避しないという姿勢を身に付けさせることも期待できます。自分の考えに基づく行動は、仕事の責任をとる覚悟をもたせる効果があります。財務諸表の世代間の共有は、事業承継における重要な課題であった後継者の事業の当事者意識を高めることに繋がるのです。

 新規取引先開拓とレガシーの超克

■ **先代世代の恩恵により地域の業界団体などには受入れられるが……**

　後継者の強みの1つは、先代世代が築いたレガシーを引き継げることで

す。ここでいうレガシーとは、先代世代からの経営資源(社員、設備、資金、技術など)のことです。これには関係資産(利害関係者との関係など)も含みます。筆者の調査においても、新参者である後継者が先代世代の恩恵を受けて、暖簾会や地域の業界団体に比較的容易に受入れられる様子が観察されました。これは、自分で起業したベンチャー企業家にはない強みといえるでしょう。

他方、先代世代の恩恵を受けられることは、後継者に消極的な意味ももたらします。それは、後継者が先代世代と差別化された思考や行動をとりにくいということです。仮に、後継者が先代世代とのかかわりが強い取引先(仕入先や顧客など)との間の慣習を逸脱するような行いをすれば、先代世代の恩恵に与れない可能性があります。その意味で、後継者は先代世代からの取引先に対して配慮するあまり、十分な交渉力を発揮できないことにもつながりかねません。

■ 後継者を成長させる「自力での取引先開拓」

後継者の取引先に対する交渉力を引き上げる方法として有効なのが、後継者自身で新規の取引先を開拓させる方法です。後継者に新しい取引先を開拓させることは、自社の調達先と販路の拡大、そして自社に新しい価値観をもち込む契機となります。

しかし、それだけではありません。後継者に仕事上の自信をもたせることに繋がります。後継者は、ゼロから試行錯誤して新しい取引先を開拓することで、取引にかかわる自分自身の考えや判断基準を養成することができるのです。

なぜ、自分で新しい取引先を開拓した経験がある後継者は、先代世代からの既存取引先に対しても交渉力が高まるのでしょうか。

自分で開拓した取引先とは、後継者は本音ベースで取引交渉ができる傾向があります。本音ベースで取引ができるからこそ、後継者は交渉相手の業界事情や背景を理解することができるようになります。入社当初の経験

の浅い後継者は、取引先の背景にある情報を認識できていません。そのため、後継者は取引先との間で主導権を握れず、結果として先方の意向に配慮することが中心の取引姿勢になりがちです。しかし、独自に取引先を開拓した経験がある後継者は、自分の経験をもとにして、先代世代からの取引先であっても、聞くべき点は聞き、主張すべき点は主張する対等な取引を行える交渉力を発揮しやすいといえます。

10 客観的視座の養成

■ 後継者が外部に依存しやすくなる理由

これまでの研究によると、二代目以降の後継者は、自社の経営に当たって外部の取引先に目が向きやすいことが示されています。創業経営者は、ゼロから事業を立上げてきたが故に自分の経験に依存する傾向にあります。他方、後継者は起業をした経験がないために、外部の取引先や専門家に依存しがちな傾向があるようです。

筆者の調査によると、後継者と自社の従業員（非同族関係にある社員）との間の仕事上の距離感がこの点に関係している可能性が示されています。

一般的に、ファミリービジネスの後継者は組織の中で将来の経営者として処遇されます。そのため社内の非同族の従業員は、後継者に対して一目置いて対応する傾向が強く、後継者は従業員と本音ベースの仕事上の関係をもちづらいようです。結果として後継者は、社内の従業員よりも、自分で開拓した仕入先や顧客など外部との結びつきが強くなるようです。

■ 外部での経験・他社の常識を偏重すれば、負の影響も

後継者と外部の取引先との関係構築は、自社にない知見やアイデアをもたらしてくれるという特徴がありますが、実はそれだけではありません。

図8 後継者における自社と外部との関係性

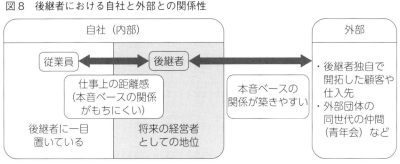

出所：筆者作成。

　外部の取引先との関係を通じて得た経験が、自社を客観的に評価する後継者の視座を養成してくれることにも繋がります。

　例えば、近江屋ロープ（京都府）の後継者は、外部の取引先で厳しい営業業務を経験して入社し、自社の生温さを肌で感じて、営業部門のてこ入れを行いました。他社での経験によって、後継者は自社を客観的に評価する能力を蓄積して能動的行動に繋げています。また、後継者による自社への客観的視座は、社内の従業員に対しても仕事上の緊張感を与える効果があります。組織の生温さになれてしまった従業員に、牽制と規律づけを与える効果があります。

　他方、外部取引先との関係で得た経験は、後継者に負の影響をもたらすこともあります。それは、外部の経験や常識を自社内にもち込みすぎることで、自社の従業員から警戒され、受容されにくくなってしまうことです。新しい考え方は、組織に活力をもたらしますが、組織の歴史的な文脈を踏み越えたやり方は、逆に組織の活力を低下させてしまう可能性があります。特に、先代世代からの幹部社員と後継者との仕事上の距離感をさらに拡大させてしまうことに繋がりかねず、結果として、後継者の自社内におけるリーダーシップを養成するうえでも問題が生じてくるといえます。

11 後継者の配置

■ 後継者は仕事で育つ

　これまでの話からもわかるように、経営者は理屈だけでは育ちません。実際に経営者としての仕事経験を積むことで、育つものです。後継者にどのような仕事を与えるのか、どのような仕事に配置するのかを決定することが、事業承継における現経営者の最も重要な役割であるといっても良いでしょう。

　後継者の配置は、現経営者の専権事項であることが殆どです。経営幹部の意向が加味される場合もありますが、後継者の配置には現経営者の考え方が反映されます。後継者の配置の方法や軌跡を分析することで、その会社における後継者育成の方針を理解することができます。

■ 後継者の配置における3つの視点

　伊丹・加護野（2003）によると、事業承継において後継者の配置方針を検討する際には、3つの視点が役に立ちます。

　第1に、空間的な視点です。組織構造上、複数の部門がある企業であれば、後継者をどの部門に配置するのかということです。例えば、後継者を本社に配置するのか、海外現地法人や関連会社などの本社から物理的に離れた場所に配置するのかを検討する時に役に立つ視点です。

　第2に、時間的な視点です。後継者が入社後に、部署・役職をどのような順で経験させるのかということです。事業承継は、経営者のポジションを現経営者から後継者に単純にバトンタッチをして終わりではありません。後継者がバトンタッチを受けるまでに、将来必要となる仕事経験をどのように与え、どのようなキャリアパスを設計すべきかを検討することが重要となります。

第3に、人と人との相互作用の視点です。後継者が配置された職場で、どのような人材と一緒に仕事をするのかということです。先述の通り、後継者は組織の従業員から受入れられる必要があります。また、どのようなベテラン社員から仕事を通じて薫陶を受けさせるかを考えねばなりません。その意味で、従業員との関係づくりの観点から、後継者をどのような部門に配置するべきかを検討する際の示唆が得られるのです。

12　組織の辺境への配置

■ 慣習との決別が後継者の創造性を育む

　後継者の配置において、こうすれば良いというベストプラクティスはありません。しかし、老舗企業の調査によると、パターンはいくつか存在するようです。

　典型的なのが、入社後、すぐに本社に配置するのではなく、本社から物理的に離れた場所に配置するパターンです。なぜ、このような配置するのでしょうか。

　第1の理由は、本社から物理的に離れた場所では、後継者が自律的に思考や行動がしやすい仕事環境を提供できるからです。本社には先代世代のベテラン社員が大勢存在します。古くからある組織的な慣行も多いでしょう。そのような環境では、新しい価値観をもつ後継者であっても、組織の慣習に染まってしまい、リスクを厭わない姿勢や進取的な行動の芽が摘み取られてしまう可能性があります。それに対して海外現地法人や関連会社は、歴史が浅く本社の影響も受けにくく、後継者の独自性が発揮されやすい配置場所であるといえるでしょう。

図9　後継者の配置の典型例

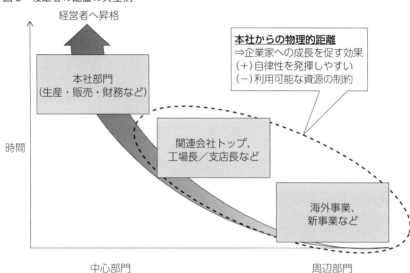

出所：筆者作成。

■ 辺境への配置が成長に繋がる

　第2の理由は、本社から物理的に離れた配置が、後継者が使用できる経営資源に制約をかける効果があることです。二代目以降の経営者は、ベンチャー企業家と異なり、ヒト、モノ、カネという資源を自分で調達せずとも、現経営者に依存することができます。

　本社には、先代世代によって構築されたヒト、モノ、カネが存在しています。後継者が行き詰まった際には、容易に支援を受けることができるかもしれません。しかし、本社から物理的にはなれた場所では、後継者は自分で資源を調達して問題解決を図っていかねばなりません。この経験が、後継者を企業家へと成長させるきっかけとなるのです。

13 プロジェクトリーダーや関連会社トップへの配置

■ 基幹事業部門を繋ぐプロジェクトリーダーの仕事

　前述の、企業の周辺部門への配置（組織の辺境への配置）は、後継者にとって、厳しい環境の中で生き抜くサバイバルな能力を養成できますが、それだけでは十分ではありません。

　事業承継では、周辺部門である国内支店や海外現地法人でのマネジメントだけではなく、売上高や利益の大部分を占める本社の基幹事業部門を経験する必要もあります。しかし、本社の基幹事業部門には、伝統や組織的な慣習も多く存在しますし、後継者と親子くらい年のはなれたベテラン社員が数多く存在します。後継者にいずれは経験させないといけない本社基幹事業部門の仕事を、事業承継のプロセスの中でどのように経験させていくべきなのでしょうか。

　あみだ池大黒（大阪府）では、後継者に新商品開発プロジェクトのリーダーの仕事を任せていました。同社はおこしの製造販売業ですが、江戸時代以来の伝統的な商品に加え、時代に合致した新商品を生み出してきました。代々の後継者には、その新商品開発の仕事が任されています。

　この新商品開発プロジェクトの仕事は、臨時プロジェクトとして編成されます。社内におけるメンバー（人材）の調達は後継者に委ねられます。同プロジェクトは基本的に新商品の企画を中心に行い、実際の商品生産は製造部門が行います。その後、商品は販売部門を通じて消費者のもとに届けられます。つまりプロジェクトリーダーである後継者は、同社の伝統的な分業組織である製造部門と販売部門とに上手に働きかけて、新商品を開発・生産し、市場導入していかねばならないのです。

図10　プロジェクトリーダーへの配置

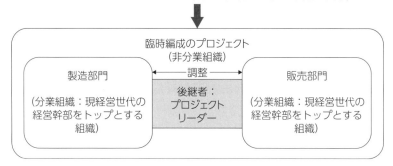

出所：筆者作成。

■ プロジェクトでは後継者を主役に、現経営者は黒子に

　このような新商品開発プロジェクトリーダーの仕事を通じて、習得が難しいながらも将来の経営者として不可欠な2つの能力の養成が期待できます。

　第1に、社内の利害が衝突しやすい部門間を調整する能力の養成です。伝統的な企業の場合、製造部門や販売部門などの分業組織のリーダーは、先代経営者世代の経営幹部が殆どです。また、各々の部門における組織的な慣習が存在します。このような部門間を調整する能力は、経営者に必須です。

　第2に、既存の組織的慣習が強い分業組織に対して新しい取り組みの必要性を理解させ、彼らを動かすという能力の養成です。新しいアイデアや発想ができたとしても、それらがそのまま組織に受入れられることは多くはありません。しかも、年齢や経験がはるかに上の人物を未熟な後継者が説き伏せることは容易ではありません。

　あみだ池大黒の場合も、この2つの理由から、後継者が事業部門との調整に難航することがよくありました。その際には現経営者が、製造部門や販売部門に調整役として関与していました。製造部門や販売部門の事業部

部長としては、経験が浅い後継者ではなく、現経営者からの働きかけであれば、納得する可能性が高まります。

ただし、上記の現経営者の関与はあくまで一時的なもので、プロジェクトリーダーは引き続き後継者に任せ続けました。あくまで後継者を主役に、現経営者は黒子に徹していることがよくわかります。

■ 子会社・関連会社の経験によって、さらに企業家精神を涵養する

上記のプロジェクトリーダーの仕事以上に、経営者としての疑似的な経験を積めるのが、子会社や関連会社のトップの仕事です。自社の事業部門内で行う仕事と異なって、子会社・関連会社は親会社から組織構造上の距離があり、また1つの企業として独立採算で運営されているため、1つのプロジェクトより大きな1つの組織という単位で利益責任が求められる業務となります。

実際にファミリービジネスに限らず大企業においては、後継者に事業承継をする前に、子会社や関連会社に候補者を配置することがよくあります。

事業承継プロセスが進むに従い、後継者には大きな事業部門（ヒト、モノ、カネなどの動員資源が大きい組織）のマネジメントが求められるようになります。先述の事例における承継プロセス前半での後継者の配置は、承継プロセス後半に向けた重要な布石になっていることがわかります。

POINT
後継者の意識づけと周囲との関係づくりのポイント

　後継者育成においては、後継者個人としての仕事能力を引き上げることも重要ですが、次世代経営者としての後継者の意識の喚起と組織からの受容が重要であることを説明してきました。
　実はこのような後継者育成上の課題は、ファミリービジネスだけではなく、一般企業においても重要となります。
　例えば、将来の経営幹部の早期選抜制度を取り入れている企業があります。大手金融機関でも、比較的若くして支店長や本部ライン部長を選抜して育成する慣行があります。早期選抜された人材は、部や支店のトップ（経営者）としては若く、老舗企業の後継者と厳密には立場は異なりますが、よく似た環境におかれているといえます。
　かつて、某金融機関の企画スタッフから面白いエピソードを聞いたことがあります。その金融機関では、個人として優秀な営業成績を上げた人物が若くして支店長に抜擢される慣行がありました。あるトップセールスが小さな支店の支店長として赴任しましたが、上手くいきませんでした。彼は、年上で経験が長くコミュニケーションが取りづらい部下に営業を任せるよりも、自分自身で手っ取り早く営業をしてしまったのです。最初は小さな支店であったため数字を一人で稼ぐことができましたが、長続きしませんでした。また、支店の従業員にも、支店長に任せておけば何とかなるだろうという空気が出てしまったというのです。
　いくら、経営幹部候補の個人としての仕事能力が高くても、組織の目標に対して個人の力だけでは限界があります。組織の多くの従業員を巻き込んで、自分一人ではできないような大きな仕事を成し遂げる能力が求められます。そのためには、周囲から受入れられなければ、組織のリーダーとしての役割は務まりません。経営幹部候補が独自の経営実践を行う中では、社内や社外の利害関係者との関係を構築する必要があるのです。
　特に、一般企業では、プレーヤーから新任でマネージャーになる人材に対しては、人事部門や人材開発部門が中心になって、その経営幹部候補が社内外の利害関係者から受入れられるようサポートをする役割が求められます。

第4章

先代経営者と後継者の関係性

　事業承継とは、先代経営者から後継者に円滑に経営者の仕事を引き継ぐことです。たとえ後継者の事業の当事者意識や主体性を高められたとしても、先代経営者との関係を上手にマネジメントできなければ、事業承継の成功とはいえません。本章では、世代間の関係性が、組織の成長・存続やイノベーションに与える影響について説明します。

01 世代間の「悪い対立」と「良い対立」

■ 事業承継において「世代間の対立」が起こる理由

　ファミリービジネスは、世代間の対立が起こりやすい組織といわれます。それはなぜでしょうか。その理由の1つが、現経営者と後継者との間に親子関係があることです。親子関係は、企業経営において様々な効果を生み出します。

　積極的な効果としては、後継者と現経営者との間に気兼ねのない率直な意見交換ができる関係が構築できることです。

　反対に消極的な効果は、率直な関係が度を超えてしまい、憎しみなどの感情を伴い後々まで禍根を残すような対立を引き起こしてしまうことです。

企業を疲弊させる悪い対立ということができます。

　この問題に共通するのは、先代世代と次世代の経営方針をめぐる対立です。このような対立がいったん顕在化すると、企業組織の一体感が崩れ、対立の長期化は、従業員の仕事意欲や組織への帰属意識に悪い影響を与えてしまいます。さらにこれは、組織内部の話だけにとどまりません。

　経営方針の不安定さが、顧客や仕入先など外部の利害関係者に対しても悪い影響を及ぼしてしまいます。結果として企業イメージや業績の低下をもたらし、上場企業であれば株価の低下を招く恐れもでてくるでしょう。

■イノベーションを育む良い対立

　一方で、企業変革の種を育む良い対立もあります。事業承継をめぐる対立とは、企業経営に悪い影響をあたえるだけではありません。実は事業承継の対立とは世代間の価値観の違いに起因するものであり、対立を上手にマネジメントすれば企業変革の発露にすることも可能なのです。

　経済学者のシュムペーターは、革新とは2つの異質なものの新しい結合であるといっています。彼が示唆することを踏まえると、世代間における異なる価値観のぶつけ合いとその融合が組織の新しい発想を生み出す可能性なのです。

　一般的に、企業が持続的成長を実現するには、保守的な経営を実践するだけではなく経営環境の変化に応じた企業変革が必要とされています。つまり、承継プロセスにおける旧世代と新世代の意見の相違こそ、この変革の種になるといえるのです。

世代間で育む企業変革の種

世代間では役割の調整が重要

　欧米では、事業承継を一過性の出来事ではなく、時間経過を含むプロセスとして考える研究が多くなされてきました。代表的なものにハンドラー（Handler, W. C.）の研究があります。Handler（1990）は、図11のような事業承継のプロセスを説明しています。

　このモデルは、事業承継を考えるうえで2つの視点を提供しています。

　第1に、後継者による現経営者への自分の能力提示の視点です。将来のリーダーとして、組織に受容されるための根拠となる実績を表明する行為です。第2に、現経営者による後継者の能力に対する評価の視点です。現経営者は後継者から示された能力を評価して後継者に権力委譲を行うのです。後継者が自分の能力を現経営者に示して次の段階の役割に移行し、現経営者が後継者から示された能力を評価して後継者に権力委譲を行うというサイクルを、このモデルは示しています。

　仮に、後継者が能力を蓄積しているにもかかわらず、現経営者が後継者に新たな役割を担わせなかった場合は、上手く事業承継が進みません。反対に、後継者の能力が未熟であるにもかかわらず、現経営者が後継者に経営上の役割を担わせた場合には、役割調整上の問題が生じてしまいます。

図11　事業承継のプロセス

出所：Handler（1990）の表3（p.43）を筆者が訳出、引用。

■ 新ビジネスで実績を蓄積し、先代経営者に実力を示す

　事業承継では、世代間の役割調整を円滑に進めると共に、組織のイノベーションにも繋げていく必要があります。

　どのようにすれば、世代間の異なる価値観をマネジメントして、組織に企業変革の芽を発露させていけるのでしょうか。筆者の老舗企業を対象とした研究によると、本業内新事業の上手な活用がその方策の１つとしてあげられます。

　例えば、某企業では、後継者が主導する社内ベンチャー（新事業）を立上げました。その新事業は、既存の基幹事業の伝統に染まらない新しいコンセプトのビジネスでした。

　一般的に、先代経営者は自分の過去の経験に基づいて経営を考える傾向があります。いくら後継者が新事業の必要性を説明したとしても、簡単には認めてもらえません。先代経営者は、過去の成功体験を中々捨て去ることができないからです。そのような時には、後継者が自分の実績を蓄積することによって先代経営者の納得を取り付けていくことが重要です。

　某企業の後継者は、新事業において小さな成功を少しずつ先代経営者に示していきました。それだけではありません。後継者は、この新事業を拡大するに当たって、少しずつ先代世代の幹部社員や従業員を取り込んでいきました。この取り組みは、後継者の職務遂行上の協力者を増やしていくことにとどまりません。後継者が時間をかけて組織の中で自分の存在感や影響力を高めていることがわかります。神戸大学の加護野忠男教授は、これを「一点突破・全面展開」の戦略と述べられています。

　このような事業承継の進め方は、伝統勢力と革新勢力の二項対立の方法をとっているわけではありません。いわば、後継者世代による「本業内新事業による実績づくり」と「新事業の実績蓄積による先代世代の合意形成」のような方法がとられていることがわかります。

悩ましい二重の関係性

■ **上司と部下の関係を飛び越えた言動は秩序を乱す**

　ファミリービジネスでは、現経営者（親）と後継者（子）の関係には2つの関係が内包されています。1つは、一般的な家庭と同様の親子関係です。2つ目は、仕事上の上司と部下の関係です。一般企業では、主に仕事上の関係のみを考えることになりますが、ファミリービジネスでは親子関係と仕事上の関係をマネジメントする必要があります。

　筆者の研究によると、多くの事例で、ファミリービジネスにおける親子関係のマネジメントに苦慮していることが示されています。

　例えば、某企業では、後継者が仕事現場で現経営者のことを「おやじ」と呼んでしまったケースがありました。この事例では、現経営者が多くの従業員が見ている前で「社長と呼ばんかい」と後継者を強く叱責していました。また、別の事例では、後継者が事務所で現経営者の業務指示に対して口答えをするケースがありました。この時は、現経営者の弟が状況を見かねて後継者を厳しく指導していました。

　2つの事例では、後継者が職場に親子関係をもち込んでしまっています。職場に親子関係がもち込まれることの負の効果としては、組織の秩序が保てなくなることです。ファミリービジネスの後継者といえども、現経営者（親）とは仕事世界における上司と部下の関係にあります。上司と部下の関係を飛び越えた言動は、通常、一般の従業員には許されない行為です。

　そのため、このような後継者の言動は、従業員の仕事意欲や組織への帰属意識に悪影響を与えてしまう可能性が高まるでしょう。それだけではありません。このことは、特別扱いされる後継者と特別扱いされない従業員との間に仕事上の大きな距離感を作ってしまうことになり、後継者がファミリービジネスで十分なリーダーシップを発揮できないことに繋がる可能

図12 ファミリービジネスにおける親子関係の二重性

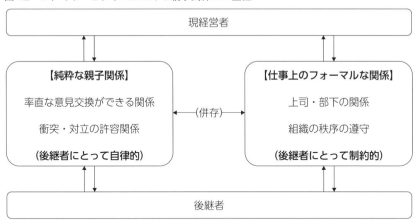

出所：落合（2014）の図54（172頁）および落合（2016b）の図表8-2（168頁）を参考に、筆者が加筆。

性すらあります。

■ 親子の気兼ねのない関係がイノベーションを生み出す

　他方で、ファミリービジネスの親子関係は、その関係性のマネジメント次第では正の効果も期待することができます。筆者の事例研究によると、ファミリービジネスの現経営者と後継者との間には、率直な意見交換ができる関係が存在することが示されています。

　例えば、某食品製造業では、重要な意思決定にかかわる内容について、親子間で忌憚のない意見交換がなされていました。ここからは、この関係性が後継者が現経営者に対して経営上の異論や対案を示す機会を包含しているといえるでしょう。

　経営上の異質な意見のぶつけ合いは、イノベーションの発露となる可能性を高めてくれる効果があります。

　それだけではありません。筆者の事例研究では、現経営者と後継者との間に親子関係があるからこそ、両者の衝突や対立の許容関係があることも

示されています。通常、一般企業における経営上の衝突や対立は、企業の分裂や内部の派閥闘争を生じさせてしまう可能性を秘めています。

これに対してファミリービジネスでは、親子関係があるからこそ、世代間における多少の衝突や対立が許容されているといえるかもしれません。

ファミリービジネスでは、親子で激しく意見をいいあっても、翌日になると親である現経営者が、「あいつも成長したな」と評価するケースもしばしばあります。その意味でファミリービジネスとは、一般企業と比較すると、経営上の異質な意見のぶつけ合いが上手に生成・処理される装置が内蔵されているともいえるでしょう。

04　関係性をつなぐ「番頭」の役割

■ 親子の対立や後継者争いを調停

番頭とは、一般的に現経営者を支える経営幹部のことを示します。前川洋一郎教授によると、番頭とはファミリービジネスにおける世代交代のつなぎ役であると定義されています。

特に、ファミリービジネスの事業承継では、経営者親子の対立、兄弟の断絶、複数の後継者争いがおこる場合に、番頭が必要となると指摘されています。本節では、ファミリービジネスの現経営者と後継者との間の複雑な関係において番頭が果たす役割について考えていきます。

■ 経営の意思決定に第三者的視点を反映できる

筆者の老舗企業の研究によると、番頭には、ファミリービジネスにおける現経営者と後継者の関係を補完する2つの役割があることが示されています。

第1に、親子関係に第三者的視点（客観的視点）を入れる役割があげら

図13 番頭による仕事世界における親子関係の補完

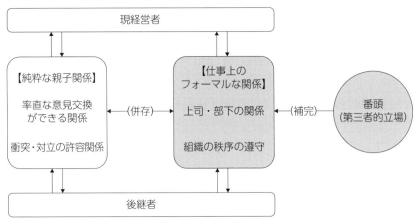

出所:落合(2014)の図54(172頁)および落合(2016b)の図表8-3(172頁)を参考に、筆者が加筆。

れます。前述したように、ファミリービジネスの現経営者（親）と後継者（子）には、率直な意見交換ができる関係、衝突や対立を許容する関係があります。また、経営者親子間における経営上の異質な意見のぶつけ合いが、組織のイノベーションの発露となる可能性を高めてくれる効果もあります。

しかし、親子関係の緊密な連携は、ファミリービジネス特有の密室的経営に繋がってしまいがちです。いわゆるファミリービジネスの非ファミリーメンバーに対する排他性の問題です。親子間で重要な意思決定が行われる場合、どうしても客観的な経営が担保できない可能性が出てきます。この点、番頭が経営に参画することによって、第三者的視点を意思決定に反映することができます。

筆者の研究では、重要な経営の意思決定の際には必ず親子関係にない経営幹部を関与させている企業が複数存在していました。

■親子関係の過度なもち込みを回避し、組織秩序を維持

　第２に、組織の秩序維持の役割があります。ファミリービジネスの経営者は、後継者に対して親子関係と仕事上の上司部下の関係という２つの顔をあわせもちます。そのため、経営者は仕事世界にも親子関係をもち込んでしまいがちです。そのような複雑な状況の中で、番頭は仕事世界における親子関係を補完する重要な役割を担っています。

　例えば、経営者から後継者への指揮命令系統があげられます。具体的には、後継者が経営者に直接報告・提案するのではなく、番頭を経由して経営者に間接的に報告・提案する形態にすることで、組織における上司・部下の関係性を堅持することができます。

　これは、仕事世界における過度な親子関係のもち込みの回避に繋げることができるかもしれません。また、従業員の代表としての番頭が経営者と後継者との排他的関係に介在することによって、従業員の経営への参画意識を高める可能性もあります。結果として、ファミリービジネスにおける組織秩序の維持に繋げることが期待できます。

　このように、番頭はファミリービジネス経営者の親子関係の消極的側面を補完しつつ、積極的側面を促進してくれる重要な存在といえるでしょう。

世代間の情報格差

■後継者が先代と取引先との関係を認識できないと……

　経済学や経営学には、情報の非対称性という概念があります。この情報の非対称性とは、２つの主体の間で情報が共有されずどちらか一方しか情報をもたないことによって非効率が生じてしまうことを意味します。ファミリービジネスの事業承継において、先代経営者と後継者との間に、情報の非対称性の問題が存在しています。

例えば、先代経営者と先代世代からの取引先との間でどのような取引関係を築いてきたのかを、後継者が認識できないことによって円滑な事業承継が実現しない場合などが、それに当たります。

社外だけではありません。社内の従業員との間でも同じことがいえます。先代経営者と先代世代の経営幹部との間で築かれてきた長年の関係性について、後継者が認識することができないこともあります。

■ 情報の非対称性が企業の長期的な収益性に大きな影響を与える要因に

事業承継において情報の非対称性がもつ消極的な意味としては、先代経営者が仕入先や顧客との間で築いてきた取引上の条件や交渉力を後継者世代に移転するのが難しいことがあげられます。取引先との条件や交渉力は、企業の長期的な収益性に大きな影響を与えます。

例えば、先代経営者から後継者への事業承継に伴って、先代経営者の時代に自社にとって有利に定められていた取引条件が変更となる（自社に有利に働かなくなる）ケースが考えられます。自社にとって有利な取引条件とは、先代経営者が取引先との間で長年情報を共有して信頼関係を築いてきたからこそ実現されるものです。その意味で、取引上の歴史的背景を知らない若い後継者にとっては、これに対処するのは難しいといえるでしょう。

筆者の研究によると、事業承継に伴う情報の非対称性を低減する方策として、先代経営者が重要取引先との商談に後継者を同席させるような工夫をしている企業もあります。

■ 世代間の情報格差が、経営革新の発露となる可能性も

他方、ファミリービジネスの事業承継においては、情報の非対称性が積極的意味をもつ場合もあります。先述の通り、世代間の情報の非対称性とは、取引先との取引事情に詳しい先代経営者と事情にうとい後継者との情報格差を示します。

しかし、後継者が先代世代と取引先との歴史的経緯を知らないからこそ、

思いきった思考や行動がとれるという積極的意味もあります。確かに、先代経営者による取引先との長期的な関係性は、後継者世代による新しい事業経営において積極的な意味をもつことは間違いありません。しかし、後継者がその先代世代との関係に配慮しようとするあまりに、後継者の独自性が発揮しにくいという問題にもなります。

世代間の情報の非対称性は、後継者が取引上の背景を知らないことによる、いわば前例にとらわれない思考や行動を促し、経営革新の発露となる可能性もあるといえるでしょう。

06 経験や教訓の世代間連鎖

▌先代世代の経験や教訓が後継者に活かされる

筆者の調査では、先代世代の仕事上の経験や教訓が後継者に活かされていることが示されています。

例えば、山本海苔店（東京都）では、会社業務の基本を学べる仕入部の仕事は歴代当主の登竜門として位置づけられており、入社後直ぐに配置されていました。

また、近江屋ロープ（京都府）においても、歴代の後継者には本社から離れた場所での新販路開拓担当者の仕事が任されていました。新販路開拓の仕事を通じて、後継者が自律的な思考や行動を身に付けやすいという教訓が世代を超えて受け継がれているのです。

▌先代世代の経験を反面教師にする場合も

しかし、先代世代の経験を反面教師にする事例もあります。大和川酒造店（福島県）では、九代目当主が他社経験をすることなしに新卒で入社しましたが、後継者には外の世界を学ばせるために他社経験をさせました。

このように、先代世代の経験は無条件に後継世代に連鎖するのではなく、各世代で経験が吟味され、次の世代に活かされるという工夫が見られます。

07 ファミリービジネスで理念を共有しやすい理由

■ 長い並走期間が世代間で思いを共有しやすくする

これまでの研究では、ファミリービジネスは世代間で理念が共有されやすいといわれてきましたが、なぜでしょうか。ファミリービジネスの事業承継は、後継者が家業を継ぐべく入社してからはじまるのではありません。入社よりはるか以前、現経営者のもとに後継者が生まれてから開始されるといっても良いでしょう。

そのため、ファミリービジネスでは、事業承継のプロセスで現経営者と後継者が並走する期間が長くなります。長期にわたる並走期間は２つのことを生み出します。１つが、現経営者は後継者に家業永続に向けた思いを伝えることができること、もう１つが、後継者が現経営者の考え方から影響を受けることです。

第２章の世代継承性の部分でも述べましたが、親世代は自分の世代で成し遂げられなかった夢を次世代（子孫など）に託すことで、心理的な発達課題を乗り越えやすくなります。

■ 思いは伝えるが解釈や行動は後継者に委ねる

某企業では、現経営者が後継者に承継後、「君が経営をやる以上、自分は余計な口出しは一切しない」と述べていました。ここからは、現経営者は経営の具体的なノウハウを伝えていないことが示されています。

現経営者は、後継者が幼少期の頃より家業への思いや哲学を伝えながらも、時代に則した具体的な行動は後継者に任せていることがわかります。

このような事例は、他のいくつかの老舗企業でも見られました。

　老舗企業では、なぜこのような慣行を実践するのでしょうか。企業を取り巻く経営環境は、刻々と変化します。先代世代の戦略や行動が昔は上手くいっても、後継者の時代には全く通用しないということがしばしば起こります。確かに、先代世代の教訓の束である理念は、後継者の将来に向かっての思考や行動の指針になるかもしれません。しかし、先代世代の理念を額面通りに実践するだけでは上手くいきません。そこには、先代世代からの理念を共有しつつも、経営環境の変化に適応した後継者の創意工夫行動が求められるのです。

08　制約と自律のマネジメント

■現経営者世代の制約にさらされる後継者

　現経営者と後継者の関係が複雑になるのには、2つの二律背反な要素が関係しています。それは、「制約」と「自律」というキーワードです。

　最初に、「制約」について説明しましょう。過去の研究、例えばGersick et al.（1997）では、組織の中で現経営者の影響が強い間は、後継者は独自性を発揮しにくいということが示されています。これは、後継者にとっての現経営者世代の制約ということができます。

　例えば、幼少期からの後継者の意識づけは、後継者にとって自分の人生の選択肢を狭めることを意味します。親子関係がある現経営者との関係も、組織の中では上司部下の関係を維持せねばなりません。従業員から後継者として一目置かれることは、後継者にとって仕事のやりづらさにも繋がります。現経営者世代からのお得意様や取引先との関係は、後継者が思うようにならないことの1つでしょう。

図14 後継者の制約と自律のジレンマ

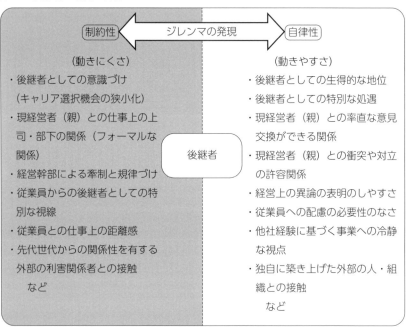

出所：落合（2016a）の図8-6（181頁）より加筆のうえ引用。

■ 将来の経営者として自律的に動ける後継者

　しかし、反対に将来の経営者としての地位をもっている後継者は、自社のベテラン社員や同僚に不必要な配慮する必要はありません。現経営者とも親子関係が背景にあるからこそ、率直な意見交換ができる関係にあります。そのために、後継者は思いきった思考や行動ができる側面もあり、非連続のイノベーションをおこしやすいといわれています。

　これはファミリービジネスにとって、ガバナンス次第では経営の暴走となる場合もありますが、慣例にとらわれない行動を期待できる強みといえます。

　このように、後継者は「制約」と「自律」というアンビバレントな要素

の狭間におかれています。この状態を筆者は、事業承継における「制約と自律のジレンマ」と呼んでいます。

■制約と自律のジレンマの正体

　制約と自律のジレンマは、後継者にとって決して心地の良い状態ではありません。これは、将来の経営者として思いきった行動がとれる反面、実績が伴わないために組織の従業員から認めてもらっていない状態を示します。これは、制約と自律のジレンマの消極的な効果ということができます。

　しかし、制約と自律のジレンマの積極的な効果もあります。後継者にとって居心地の悪い状態であれば、後継者にこの状態を解消させようとする思考や行動を喚起することができる可能性があります。それは、生得的な地位をもつ後継者に、実績をつけさせて獲得的な地位を構築させることです。いわば名実ともに、次期経営者としての正統性を獲得させることです。

POINT
現経営者と後継者の関係性におけるポイント

　これまで、現経営者と後継者の並走が重要な意味をもつことを述べてきました。経営革新の観点からは、世代間でいかに多様な考えをぶつけあえるか、または、事業承継プロセスにおいて後継者にいかに試行錯誤をさせることができるかが重要でした。
　一般企業においても、現経営者と後継者の関係性をどのようにマネジメントするかは、事業承継の成功の鍵といえます。
　例えば、ゼネラルエレクトリック社（GE）は、上手に事業承継プロセスをマネジメントしている企業の1つです。中でも、ジャック・ウェルチからジェフリー・イメルトへの事業承継が典型的です。ジャック・ウェルチは1981年から約20年間、GEの会長を務めました。
　GEにはクロトンビルというリーダーシップ開発研究所があります。クロトンビルでは、ジャック・ウェルチが自ら講師を務め、日々世界各国で経営の実戦経験を積んでいる事業部門責任者に対して講義を行っていました。このクロトンビルの事例は、次世代経営者の育成と選抜において、次のような示唆を与えてくれます。
　第1に、受講者である幹部候補に、全社的な経営センスを学ばせる役割があることです。GEには多数の事業部門が存在します。幹部候補は、自身の所属する事業部門には精通できます。しかし、他事業部門を含めた全社的な視座を習得することは容易ではありません。クロトンビルでは、GEが直面する経営課題を議論するため、全体最適な経営センスを養成することが期待できます。
　第2に、全社的な課題の議論を通じて、現経営者が幹部候補の経営者としての資質を評価できることです。幹部候補の課題への考え方や発言の質など、事業部門における業務成果のように数値評価では表れてこない面について評価することができます。このようにジャック・ウェルチは、後継者となるジェフリー・イメルトを長い期間をかけて育成し後継経営者としました。
　ジェフリー・イメルトと最後まで後継者争いをしてきた人物が他に二人いましたが、彼らは大手の企業に招聘されていきました。この二人は最終選抜

にはもれたものの、GEでの承継プロセスを勝ち抜いてきた人材であり、どこでも通用すると評価されたと考えられます。

　このように、事業承継とは、たんに現経営者から後継者への引継ぎではなく、承継プロセスを通じて後継者候補に実践経験を積ませながら、適性を評価して選抜を行うプロセスと考えることが重要となります。

第5章

利害関係者と後継者の関係性

　企業は、企業単体で存続していくことはできません。多様な利害関係者に支えられて、企業は存続を許されているといっても過言ではありません。そのため事業承継では、社内だけではなく外部の利害関係者との関係性も円滑に承継する必要があります。

01　社内外の利害関係者との関係構築

　ファミリービジネスの事業承継の問題を考える場合、親子関係に焦点を当てられることが多くあります。しかし、事業承継とは、親子間の承継に限られず、新旧経営者の交代を意味するものです。経営者の交代が行われる場合は、組織体制や取引慣行の変更など、組織の内部、外部を問わず利害関係者に大きな影響を与えます。そのため、事業承継のプロセスにおいては、社内、そして社外の多様な利害関係者に対して、どのように配慮し、次世代への移行後にはどのような関係性を構築していくのかを検討することが重要となります。

■社内の利害関係者：先代世代の経営幹部、従業員
　第1に、社内の利害関係者について考えていきましょう。社内の利害関

係者には、主に先代世代の経営幹部、従業員がいます。後継者が能動的行動をとる場合、先代世代の経営幹部や従業員から協力を得る必要があります。これは、大きな仕事であればあるほど、後継者が先代世代の経営幹部や従業員の能力や経験に依存する割合が高くなります。

仮に後継者が先代世代から受入れられていない場合は、後継者が組織の中で裸の王様になってしまう可能性があります。このことは、円滑な事業承継を阻害する要因となってしまいます。先代経営者は、承継プロセスを通じて、後継者が自分の世代の経営幹部や従業員と良好な関係を構築できるようサポートすることが望ましいといえます。

■ 取引の条件や慣行を守るため、社外の関係構築も重要

第2に、社外の利害関係者について考えていきましょう。従来、事業承継は社内の問題として考えられることが殆どでした。しかし、事業承継においては、顧客、仕入先、取引金融機関、株主、地域社会など社外の利害関係者との関係構築も重要な課題となります。企業は、社外の利害関係者との関係を抜きにして、存続や成長をすることができません。

事業承継において、この社外の利害関係者に対する対応は、意外と軽視されがちです。しかし社外の利害関係者は、世代交代を契機にして、取引

図15 社外における事業承継の利害関係者

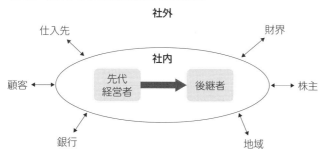

出所：落合（2016b）の図表を引用。

の条件や慣行を変更してくるなど大きな影響を与える可能性も否めません。

　そのため、後継者は、社内の利害関係者と同様、社外の利害関係者とも良好な関係を築くことで、先代経営者の時代と同様の取引を継続できる可能性が高まります。後継者も、対外的にも自分自身の方針にそった行動が取りやすくなります。先代経営者は、承継プロセスを通じて、社内の経営幹部や従業員だけではなく社外の利害関係者とも、後継者が良好な関係を構築できるようサポートする必要があります。

■ 利害関係者がもつアクセルとブレーキの役割

　最後に、この社内外の利害関係者との関係が事業承継に与える影響について考えておくことにしましょう。利害関係者には、事業承継において2つの働きがあります。

　第1に、後継者の能動的行動を促進する働き（アクセル）です。例えば、後継者の進取的な取り組みを社内の先代世代の経営幹部がサポートするようなケースです。筆者が調査してきた多くの事例において、新参者である後継者は自力で動員できる資源が乏しいことが示されています。経験豊富な先代世代の経営幹部による協力が大きな後ろ盾となることで、後継者のリーダーシップは、組織全体に伝播しやすくなるかもしれません。

　第2に、社外の利害関係者による後継者に対してのガバナンス（ブレーキ）です。例えば、後継者が適正な経営を行わない場合、地域の顧客が当該企業と取引を停止するような事例です。社内の人間であれば、創業家ファミリーである後継者に対して忖度してしまう場合があります。しかし、顧客や取引先は、外部の者だからこそ、いうべきことをいえる場合があります。事業承継前に、後継者に、社内の従業員ではなく敢えて社外の利害関係者に、自社の将来像を表明させるという工夫をしている事例がありました。将来、社内ではごまかしがきくかもしれませんが、社外の顧客や取引先にはごまかしはきかず厳しい評価がなされることがあります。京都の某老舗企業の後継者が先代経営者と共に重要な顧客先に引継ぎの挨拶に訪

問した際に、先方の経営者から「お手並み拝見といきましょうか」と露骨にいわれたような事例もあります。このように日本では、地域における顧客や取引先がガバナンスの機能を果たすことがあります。

後継者の育成に当たっては、社内の利害関係者だけではなく、社外の利害関係者が果たす機能を踏まえておく必要があります。

02　先代経営幹部との関係構築

■ 先代経営幹部にとって脅威となる「後継者の存在」

事業承継とは、単なる新旧経営者の交代ではありません。新旧経営者の交代が行われることは、新旧両世代にかかわる社内の人間関係にも大きな影響を与えるのです。Beckhard & Dyer（1983）などによると、事業承継は先代経営幹部にとって2つの大きな問題を生じさせると指摘しています。

第1が、先代経営者の経営方針や経営戦略の継続の可否です。通常、経営幹部やベテラン社員は事業承継後、後継者が先代経営者の価値観、関係性、方針、方法を継続するつもりなのか否かを心配しています。先代経営幹部と先代経営者は、長らく苦楽を共にしてきた関係であり、先代経営幹部は従前の方針に慣れ親しんでいます。そのため、先代経営幹部が新しい方針や戦略を受入れるには、通常時間を要するのです。

第2が、後継者への事業承継後における、先代経営幹部の人事処遇の問題です。通常、経営幹部たちは、次世代経営者への事業承継後、自分たちがどのような処遇になるのかを心配しています。具体的には次世代経営体制移行後の自分達のポスト、組織での影響力や存在の意味などです。

反対に後継者は、自分をサポートしてくれることになる経営幹部の人事において、自分の考えを汲んでくれる人材を選ぶ傾向があります。その方が、後継者が新たな方針や戦略を立案・実行するうえで仕事がしやすいか

らです。

　このように、後継者へ経営権が移っていく状況において、後継者の存在は、先代経営幹部にとってある種の脅威になってしまうようです。それでは、承継プロセスにおいて先代経営幹部と後継者とは、どのような関係を作るべきなのでしょうか。

■ 後継者と先代経営幹部との関係は複雑

　これまでの研究によると、後継者と先代経営幹部との関係は、悪すぎても事業承継に問題が生じますが、良すぎても問題が生じてしまうようです。以下それぞれ、事業承継に与える効果を考えてみることにしましょう。

　第1に、両者の関係が「良い」もしくは「親密」な場合、後継者は先代経営幹部の協力を得やすいという利点があります。後継者が大きな仕事をしようとすると、多くの経営資源（従業員など）が必要となります。この場合、社内で影響力のある先代経営幹部の協力は、リーダーシップが不足がちな後継者の大きな後ろ盾となるでしょう。

　他方、先代経営幹部に協力を得ていく中で、後継者は、独自の思考や行動が行いにくくなるという欠点があります。これは、後継者の思考や行動

表6　後継者と先代経営幹部との関係がもたらす効果

両者の関係	想定される効果
良い（親密）	〈メリット〉 ・先代経営幹部からの協力が得られやすい ・豊かな経験と教訓を活用できる 〈デメリット〉 ・先代経営幹部に配慮するあまり、後継者が独創的な行動をとりづらい
悪い（疎遠）	〈メリット〉 ・先代経営幹部に遠慮する必要がなく、後継者による非連続的な変化を導入しやすい 〈デメリット〉 ・先代経営幹部の豊かな経験と教訓を活用できない ・先代経営幹部からの協力が得にくい

出所：筆者作成。

が先代経営幹部に過剰に影響を受けてしまい、保守的な傾向に陥ってしまう可能性があるからです。

第2に、両者の関係が「悪い」もしくは「疎遠」な場合、後継者は先代経営幹部に仕事上の遠慮をする必要がないので、思いきった思考や行動がとりやすく、非連続的な変化（イノベーション）を導入しやすいという利点があります。

他方、両者の関係が「悪い」もしくは「疎遠」になると、先代経営幹部からの協力が得にくく、彼らの豊かな経験と教訓を活用することができないという欠点も存在します。

このように、事業承継プロセスにおいて、先代経営幹部と後継者との間には複雑な関係があることが読み取れます。

■先代世代との適度な距離感が後継者の能動的行動を育む

筆者の調査によると、先代から後継者への事業承継を契機にして、先代経営幹部が全員退任するというケースも存在しました。それは、後継者による主体的な経営に支障がでないようにする配慮であるといえるでしょう。他方、先代経営者が、後継者と先代経営幹部の関係を上手にマネジメントしているケースも存在しました。

確かに、生得的地位を有する後継者の場合は、仕事上、先代経営幹部に同調する必要がありません。したがって、ファミリービジネスは、後継者による独創的な思考や行動を促進させる機能をもっています。しかし、後継者が独創的な思考や行動を行いやすいが故に不適正な経営（経営上の暴走）を行ってしまう可能性も高くなってしまいます。その場合に、経験豊かな先代経営幹部が後継者に対して、牽制と規律づけの機能を担うことが期待されます。

このように、承継プロセスでは、後継者と先代経営幹部の仕事上の距離を（良すぎるのでもなく、悪すぎるのでもなく）一定に保つことによって、後継者の能動的行動を促進させる機能と先代経営幹部による牽制機能の両

方を担保することが重要となります。

従業員との距離感のマネジメント

■ 将来の後継者と見なされるが故の「やりにくさ」

　後継者にとって、従業員は最も重要な利害関係者です。しかし筆者の研究によると、後継者と従業員との間には、非常に複雑な関係があることが示されています。例えば、ファミリービジネスの後継者は将来の経営者として、事業承継に向けての特別な処遇がなされます。具体的には、早い昇進、一般従業員とは区別されたキャリアパスなどです。

　このような後継者への特別な処遇は、事業承継において積極的な意味と消極的な意味を生み出します。

　積極的な意味は、将来の事業承継に向けて、計画的に後継者を育成できることです。一般企業の従業員は、勤務年数が長くならないと経営管理にかかわる業務は経験できませんが、ファミリービジネスでは、後継者の勤務年数を考慮することなく、比較的若い段階から経営管理業務を経験させることができます。

　表7は、経営者に至る年数についての上場企業を対象とした分析です。ファミリービジネスの後継者は、将来の経営者就任に向けて早期に役員に選抜されています。一方の一般企業では、競争トーナメント方式で時間を

表7　経営者就任までの期間の比較（上場企業）

	入社〜役員就任の期間	役員〜経営者就任の期間	経営者就任年令
ファミリービジネス	8.2年	12.2年	52.9歳
一般企業	16.6年	6.3年	60.4歳

出所：ファミリービジネス白書企画編集委員会編（2018）の内容を踏まえて筆者ら研究チーム（荒尾正和、落合康裕、西村公志、後藤俊夫）が作成。

かけて役員に選抜されています。また、ファミリービジネスの方が一般企業よりも、「役員になってから経営者就任までの期間」が長いことが特徴的です。ここから、ファミリービジネスは、分業組織（生産、販売、財務など）内での業務経験よりも、役員という総合的なマネジメント経験が重視されていることが読み取れます。

　他方、消極的な意味は、従業員から特別な視線が後継者に向けられることによって、後継者と従業員との関係がギクシャクしてしまうことです。近江屋ロープ（京都府）の事例では、後継者は自分よりも遥かに経験豊かなベテラン社員から常に敬称で呼ばれていました。また、某食品製造販売業の事例によると、後継者は、従業員から将来経営者になる存在として本音ベースで対応してもらえない様子が示されていました。

　このようなことは、一般企業では考えにくく、ファミリービジネス固有の現象といえるかもしれません。多くの従業員から将来の後継者と見なされるが故に、後継者には従業員との仕事のしにくさがあるのです。ここでは、後継者が感じる従業員との仕事のしにくさのことを、「仕事上の距離感」と呼ぶことにしましょう。

■ 従業員との距離感が内部に新しい価値観を生み出す

　従業員との仕事上の距離感とは、実は事業承継において負の効果をもつ

図16　承継プロセス初期における従業員と後継者の関係

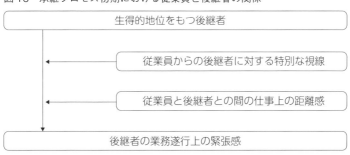

出所：落合（2016a）の図8-4（174頁）より引用。

図17 後継者と従業員との関係が生み出す効果

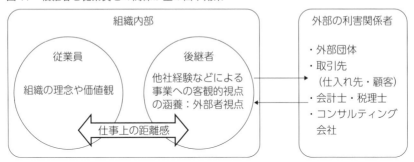

出所：落合（2014）の図58（183頁）、および落合（2016a）の図8-5（179頁）を参照のうえ筆者作成。

だけではありません。筆者の研究によると、後継者に外の世界へ目を向けさせる効果があることが示されています。典型的には、経験が浅い後継者が従業員（先代世代の経営幹部も含む）と仕事上の距離があるが故に、外部団体やコンサルティング会社などに仕事上のヒントを求める傾向があることです。

　先述の通り、二代目以降の経営者は、自らの能力や経験を補うため外部の専門家の意見を参考にする傾向があります。後継者は外部環境と接触することによって、内部では生まれにくい発想を得ることができるのです。この外部環境とのかかわりあいが、後継者が自社に新しいアイデアや価値観をもち込む契機となる可能性があります。

　円滑な事業承継に当たっては、先代経営者が後継者と従業員との仕事上の距離感をどうマネジメントしていくかが重要なポイントとなります。

　次節では、後継者が能動的行動（イノベーションの発露）を生み出すという観点から、後継者と従業員との関係を考察することにしましょう。

後継者の能動的行動を促す従業員との関係

■ 後継者として組織から受入れられることが重要

　後継者の役割は、先代経営者から事業を引き継ぐだけではありません。後継者自身が、自分の代で独自の取り組み（能動的行動）を行う必要があります。しかし、後継者が従業員を巻き込んで大きな仕事をする場合には、組織から受入れられる必要があります。

　繰り返しになりますが、過去の研究では、従業員からの特別な視線は後継者との仕事上の距離感を生み出すため、後継者は組織の外部（取引先、外部団体など）に目が向きやすいという傾向が示されています。後継者は、組織外部とのかかわりあいによって異質な価値観（事業を客観的に捉える視座）を涵養しやすいといえます。

　他方、組織内部の従業員との距離感が開いたままの状態では、後継者は組織内部で十分なリーダーシップを発揮できません。つまり、後継者自らが大きな絵を描き大勢の従業員を巻き込むような、スケールの大きい仕事をすることはできません。

　それでは、後継者はどのようにすれば従業員から受入れられるのでしょ

図18　後継者の組織的受容の条件

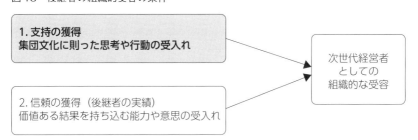

出所：Barach et al.（1988）の図I（p.52）を参考に、筆者が一部加筆修正のうえ訳出、引用。

うか。某企業の後継者は、若い頃に関東の大口顧客を開拓しました。しかし従業員からは、「どうせ先代の口利きで実現したものだ」と、後継者の実力ではなく先代の恩恵にあずかっていると認識されてしまったようです。この事例からは、後継者が実績を示したとしても、簡単には従業員から受入れられにくいことが示されています。

　しかし先行研究では、後継者が組織から受入れられる条件が示されています。後継者は、独自の考えに基づく行動を行う前提として、集団の文化（理念、価値観、商慣習など）を受入れる必要があるのです。

■ 現場従業員と同じ目線で仕事に取り組む

　集団文化に則した行動とはどのようなものでしょうか。典型例として、後継者が積極的に現場従業員と同じ目線で仕事に取り組む行動があげられます。以下、後継者による現場従業員との積極的なかかわりあいがもつ3つの意味について考えていきましょう。

　第1に、後継者と現場従業員との仕事上のかかわりあいは、現場で生じる課題に対する後継者の検知能力を高める意味があります。将来の事業承継が予定されている後継者の場合、現場業務を経験することなく経営者になることも考えられますが、現場感覚のない後継者が企画立案する経営戦略は、机上の空論になってしまう可能性があります。

　第2に、現場従業員を後継者の味方につける意味があげられます。将来の経営者である後継者が、現場従業員と同じ目線で同じような仕事をすることで、現場従業員と価値観を共有することができます。組織で価値観を

表8　後継者と現場従業員とのかかわりあいがもつ意味

①	現場で生じる課題への検知能力を高める （後継者の現場における感受性の涵養）
②	現場従業員を後継者の味方につける
③	後継者と現場従業員発で変革の波を広げる
④	将来の後継者の右腕となる人材の発掘と関係づくり

出所：筆者作成。

共有するということは、相互に受入れることを意味します。結果として、後継者は自分の主張を聞いてもらいやすくなるでしょう。

第3に、後継者と現場従業員とを起点とする組織変革の波を広げていくことにも繋がります。後継者の独創的な思考や行動は、たとえ先代経営幹部や中間管理職層の反対にあったとしても、事業の基盤を支える現場従業員からの賛同を取り付けることで実現しやすくなる可能性があります。

最後に、後継者が自分をサポートしてくれる人材を見出す機会となることです。現場で同じ釜の飯を食う経験をすることが、次世代経営組織を構築するための伏線となります。

社外の利害関係者の円滑な引継ぎ

■ 事業承継を契機に顧客との関係が薄くなるケースも

一般的に、事業承継とは組織内部の問題と考えられる傾向がありますが、事業承継のプロセスでは組織外部の利害関係者との関係も考慮しておかねばなりません。

特に、顧客や仕入先をはじめとする重要な取引先との関係をどのように後継者に承継していくかは、自社にとって経営上の重要な課題となります。取引先との関係の承継が上手く行われないと、売上高や利益の減少、もしくは製品・サービスの品質、取引条件などに悪い影響が生じてしまいます。かつては先代経営者の顔で取引していたところ、後継者への代替わりのタイミングで取引関係を変更もしくは解消されてしまう場合も少なくありません。事業承継は組織刷新の絶好のタイミングですが、外部の利害関係者から見れば取引関係を刷新するタイミングでもあるのです。外部の利害関係者は、事業承継という自社の経営体制の移行にとても注目しています。

外部の利害関係者のうち、顧客との関係から考えてみましょう。通常、

表9　取引先にかかわる承継上の留意点

取引先	留意点
仕入先	・取引条件（品質、数量、納期等） ・取引の窓口の変更（経営者、発注部署等） ・取引上の優遇条件の変化 ・販売支援の有無
顧　客	・取引条件（品質、数量、納期等） ・自社への取引依存度 ・取引頻度や取引数量の増減

出所：筆者作成。

　取引が長くなればなるほど、または大口になればなるほど、顧客は事業承継のタイミングに敏感になるものです。例えば、製品・サービスの品質や機能において変化が生じないかをよく観察しています。筆者の研究においても、事業承継のタイミングを契機にして従前の大口顧客との関係が弱くなってしまったというケースもありました。後継者世代は、事業承継後も従来通りの製品・サービスの品質が維持されることを顧客に納得してもらうよう努める必要があります。

　次に、仕入先の場合について考えてみましょう。特に売り手に交渉力がある業界の場合、後継者への事業承継のタイミングで自社が求める原材料の品質や数量を調達することが困難になる場合もあります。また、事業承継のタイミングで、先代経営者と仕入先との間での詳細な取引慣行の引継ぎが失念されてしまう可能性もあるので注意が必要です。

　外部の取引先との事業承継が円滑に行われないことによって、自社の競争力が弱まってしまうこともあります。特に、中小企業の場合、自社でバリューチェーンが完結している場合は少なく、企業間の取引関係の中で成り立っているところがほとんどです。企業間の取引関係（ビジネスシステム）の中には、仕事の融通、相互依存が存在しています。事業承継のタイミングでは、しっかりとした取引関係の承継の成否が企業の存続に大きな影響を与えることになります。

■ 取引先との接触頻度を増やし、時間をかけて引継ぐ

　取引先との関係を円滑に継続させるためには、どのような事業承継のプロセスを踏むべきなのでしょうか。

　その解決策の1つに、関係の引継ぎに十分な時間を確保することがあげられます。具体的には、重要な取引先との商談や宴席に当たって、先代経営者は必ず後継者を同席させるという方法があります。いい換えれば、先代経営者の目が黒いうちに取引先に対して後継者の顔を繋ぎ、次はこの後継者が経営者になるというメッセージを暗に取引先に示しておくことです。

　取引上の接点を作るだけではありません。先代経営者の存在のもとで、後継者と取引先との相互の接触頻度を増やしておく必要もあります。例えば重要な商談や宴席の後の細かな連絡については、先代経営者や先代経営幹部が行うのではなく、敢えて後継者に行わせるようにすることです。このようにすれば取引先は、取引詳細について後継者に相談するようになってくるはずです。最終的には取引先からの困りごとの相談が、先代経営者ではなく後継者にファーストコールがかかるようにしなければなりません。

　このように、取引先の引継ぎは、短期間で行うのではなく、後継者が入社した頃から徐々に開始し、長期間にわたって行うことが重要となります。これによって、後継者は取引先との事業承継を上手に乗り切ることができる可能性が高まります。後継者は、取引先より早い段階から将来の経営者として接してもらえることで、独自の能動的な行動を行いやすくなるでしょう。

■ 後継者に「真剣に経営に取り組ませる」効果も

　事業承継に伴う取引先との関係の継続は、承継後も後継者が取引関係を維持・促進できるという効果があるだけではありません。顧客や仕入先からのガバナンス（後継者に対する経営上の規律づけや牽制）の効果も存在します。上述の通り、例えば外部の取引先は、後継者への事業承継のタイミングで製品・サービスの品質や機能において変化が生じないか敏感に観

察しています。事業承継を通じて、従来の製品・サービスの品質や機能などに影響が出る場合には、取引の減少や取引自体を見合わせるなどの措置がなされる場合もあります。重要な取引先からの厳しい評価は、後継者にとって何よりの牽制効果となります。さらには、先代経営者が蓄積してきた取引先に対する信用を毀損しないよう、後継者に真剣に経営に取り組ませる効果もあるといえるのです。

06 取引銀行との信頼関係の引継ぎ

■ バブル経済崩壊以降、関心が薄れた銀行との取引関係の継承

　中小企業にとって金融機関は、資金の供給者として重要な利害関係者です。特に地域金融機関は、企業にとっての資本調達先だけではなく、経営上のモニタリングの機能を担う場合もあります。

　かつて、高度経済成長期の日本において、メインバンクは企業に大きな役割を果たしていました。例えば、企業が窮地に陥った際には、追加融資や役員派遣などがなされていたこともあります。当然これらの背景には、金融機関による企業の財務状況の把握などの厳しい監視がなされていました。

　しかし、90年代のバブル経済崩壊後、過剰な不動産融資などによって金融機関は多額の不良債権を抱えることになり、金融機関の企業に対する融資姿勢は非常に慎重になってしまいます。その結果、事業承継においては経営者の個人（債務）保証の問題に焦点が集中する一方、長期的な取引関係の承継にはあまり関心が向けられてきませんでした。

■ 銀行支店長は人事異動が多く、信頼関係を築きにくい

　一般的に金融機関における実務は、地域の支店が担います。そのため、中小・中堅企業経営者の金融機関のカウンターパーティーはその地域の支

店長になります。通常、金融機関の支店長は地域のロータリークラブやライオンズクラブに加入しており、地域金融の担い手として活動しています。しかし、金融機関の支店長は、コンプライアンス（顧客との癒着の防止）の観点から、2〜3年おきに人事異動によって入れ替わります。このことは、金融機関と企業の幹部同士の個人的な信頼関係が継続しにくいことにつながります。

　例えば、前任の支店長とは親密な関係が築けていたが、新任の支店長とは価値観が合わないというようなケースもあります。それだけではありません。金融業界の護送船団方式の時代ではないにしても、金融機関は比較的規制が強い業界であるため、取引が法制度改正に影響を受けやすいという特徴があります。そのため、後継者は先代世代によって築かれた恩恵を金融機関との取引では受けにくい傾向もあるようです。

　顧客や仕入先との取引では、長期的関係（取引上の取り決めを含む）が重視されました。そして後継者は、事業承継次第では先代世代の恩恵、つまり先代世代と取引先との信頼関係による利益を受けることができました。他方、金融機関との取引上の特徴は、顧客や仕入先との取引と大きく異なるといえるでしょう。

■ 金融機関との関係の引継ぎにも、十分な期間が必要

　このような取引上の特徴がある金融機関ではありますが、後継者が事業

表10　金融機関との取引上の特徴

メリット	・（与信上問題がなければ）時機を得た資本の供給を期待することができる ・取引が個人的な価値観や感情などに左右されにくい
デメリット	・定期的な支店幹部の人事異動があるため、個人的な信頼関係が継続しづらい ・金融業界は規制が強い業界であるため、取引が法制度の改正に影響を受けやすい（先代世代のギブ・アンド・テイクの取引関係が引き継がれにくい）

出所：筆者作成。

承継後に時機を得た資本の供給を受けるためには、金融機関との関係の引継ぎをしっかり行っておく必要があります。
　この問題については、筆者の調査企業のエピソードが示唆を与えてくれます。その事例企業では、先代経営者の頃は銀行側の地域担当役員もしくは支店長クラスが商談のために来社していました。ところが、後継者に代替わりしてからは、次長や課長クラスが来社するようになったというのです。先方の担当役職者の変化が、普段の金融サービスに影響することはないのかもしれません。しかし、大きな設備投資など自社にとっていざという時に、銀行が親身な対応をしてくれるかどうかは不確実だといえるでしょう。
　顧客や仕入先との関係の引継ぎと同様に、先代経営者の存在のもとで、後継者と金融機関との相互の接触頻度を増やしておく必要があります。そのためには例えば、金融機関との商談や宴席にも後継者を同席させておくという方法や、具体的な取引は後継者を通じて行うようにしておく方法があげられます。

07　個人保証の引継ぎ

■ **個人保証の承継は後継者難を引き起こす要因となる**
　中小企業の事業承継に当たっては、現経営者から後継者に企業債務の裏づけとして個人保証が求められることが殆どです。しかし、個人保証は、事業承継において様々な効果をもたらします。消極的な効果の１つに、後継者の行動がリスクを回避する傾向になってしまうことがあります。会社の命運と自分の財産とが連動してしまうからです。
　２つ目にリスクを回避する余り事業への投資が少なくなってしまうことです。これは企業の存続と成長のペースを弱めてしまう可能性があります。
　３つ目に、事業承継の条件として個人保証が次世代に求められるために、

中々後継者を確保しづらいという点です。これは、親族内承継よりも親族外承継の場合においてよく起こる問題です。

そのため、行政は、事業承継に伴う個人保証のガイドラインを出して、個人保証の承継を是正することを推進しています。

▌個人保証が後継者の当事者意識を喚起するという効果も

しかし、個人保証にも積極的な効果があります。津島（2017）は、むしろ個人保証を事業承継に活用すべきだと述べています。個人保証の積極的効果の1つに、現経営者にとっては、後継者候補が事業の承継者となる覚悟があるかどうかの踏み絵にできることがあげられます。自分の財産が担保にとられるということは、いわば経営の無限責任が問われることになりますが、それが覚悟を決めることにもつながります。

2つ目に、従業員に対して事業の承継者としての覚悟を表明することに繋がります。前に、後継者が組織から受入れられる必要があることを述べました。経営への無限責任を引き受ける覚悟は、従業員が後継者についていくかどうかを判断する根拠を与えてくれるでしょう。

3つ目に、後継者自身の事業の当事者意識を高める効果です。個人保証の引き受けは、後継者に対して緊張感を与え、真剣な経営をさせる効果が期待できます。

このように、個人保証の負の効果だけではなく正の効果を吟味することで、後継者の育成に役立てていくことも可能なのです。

表11　個人保証の承継の欠点と利点

欠　点	・後継者がリスク回避的になる ・後継者が事業投資に消極的になる ・事業の引き継ぎ手を確保しづらくなる
利　点	・事業の承継者としての覚悟を見定めることができる ・後継者としての覚悟を従業員に対して表明できる ・後継者の事業の当事者意識と責任感を涵養できる

出所：津島（2017）を参考に筆者作成。

08　株主の存在

■ 企業の所有と経営の一致度が高いファミリービジネス

　第1章でも少し触れましたが、所有と経営の問題は、経営学において最も重要なテーマとして議論されてきました。バーリー（Berle, A. A.）とミーンズ（Means, G. C.）の古典的研究によると、企業資本が大規模化することに伴い企業に出資する株主が増加することから、企業を経営する主体（経営者）と所有する主体（株主）が分離することが示されています。一方、ファミリービジネスは、経営者が主要株主であるケースが多く、所有と経営の一致度が高いといえるでしょう。

　それでは、所有と経営の一致は、企業経営にどのような影響を与えるのでしょうか。

　第1に、所有と経営の一致度が高いと、企業の所有者が経営者となるため、経営者は真剣に経営に当たる傾向が強いようです。他方、経営者は企業の所有者としての地位もあるため、経営上の暴走に繋がりやすいという欠点もあります。

　第2に、所有と経営の一致度が低い場合は、経営者以外の利害関係者が株主として関与するために、企業経営の客観性が担保されやすく、経営者の暴走を防ぎやすい利点があります。他方、所有と経営が分離してしまうことから、所有者である株主の意向が経営に反映されにくくなるという欠点もあります。

■ 功利的な株主の増加は長期的な経営の妨げに

　上記のように、株主は企業経営に大きな影響を与える存在であることが理解できました。次に、事業承継に当たっての株主の構成（誰を株主にするのか）の観点から考えていきましょう。事業承継においては、株主が後

継者にどのような影響を与える存在なのかを考えることで、対策が立てやすくなります。

例えば、多くの株主から出資してもらう場合は、後継者の経営に対して牽制と規律づけの効果があります。特に、同族だけではなく取引先などの株主に出資してもらうことで、後継者による経営に多様な視点からのチェック機能が期待できます。

他方、かりに功利的な株主が増えてしまうと、後継者による経営は彼らに振り回されてしまう可能性もあります。例えば、短期的かつ機会主義的な高額配当の要求がなされるようなケースです。このようなことは結果として、後継者の育成も視野に入れた長期的な経営の妨げになってしまう場合もあることを考えておかねばなりません。

出資者を限定する場合には、ものいういわば功利的な株主を防ぐことができます。加えて、企業の権利関係の分散を防ぐこともできます。出資者が分散してしまうと、企業にかかわる将来の利害対立の可能性を高めてしまいます。しかし、株主を限定しすぎることで、客観的な観点から後継者による経営に対しての規律づけを行うことが難しくなる点もあるでしょう。

表12 株式の分散と集中における効果

	利 点	欠 点
株式の分散	・多くの株主から出資を受けることができる（資本の拡大） ・多様な株主による経営の規律づけが期待できる（ガバナンス）	・資本の分散を生じさせることになり、将来的な利害対立を招く可能性がある ・株式の所有関係の把握が困難となり、悪意の第三者に取得されてしまう可能性がある
株式の集中	・短期利益を求める功利的な株主の関与を制限することができるために、経営者が長期的な経営に取り組みやすい ・資本の分散による利害対立を防ぐことができる	・外部からの経営への牽制が利きにくくなり、密室的経営や不適正な経営に繋がりやすい ・経営者の株式の所有割合が高くなることで、経営上の暴走を防ぎにくい

出所：筆者作成。

■ 三井家の事業承継手法に学ぶ利害関係者との関係

　世代を超えて重要な利害関係者との関係を考えていくうえで、第3章でも触れた三井家の経営手法が参考となります。三井家の創始者である三井高利は多くの子供をもうけましたが、事業資本の承継に当たっては直系長子を中心に集中的に承継するように定めました。

　他方、経営に関与する同族の範囲を定めたうえで、同族は資本の所有に関与させず、利益分配を受ける仕組みとしたのです。この仕組みは、同族による会社所有権を巡る将来的な利害対立を防ぐと共に、同族に対しては多くの利益分配を受けるべく一生懸命経営に参画させるように仕向けていたことが推察できます。

　三井家の事業承継手法は、現代の株式会社制度や事業承継の問題を考えていくうえで多くの実践的示唆を与えてくれるといえるでしょう。

09　地域社会との関係

■ 様々な意味で依存しあう企業と地域社会

　企業と地域社会は、様々な意味で相互に依存しあっています。特に地域の老舗企業の場合、地元に根ざすファミリービジネスとして、世代から世代へと地域社会と深いつながりをもっています。

　地域社会には、顧客、仕入先、株主、地域金融機関、地方自治体など多様な利害関係者が存在します。例えば、企業は地域から従業員を採用して労務の提供を受けています。他方、企業が地域に雇用を創出しているといえます。企業は地域に製品・サービスを提供する一方で、その売上高や利益を地域の顧客に頼っています。さらには、その製品の原材料を地域に依存している場合もあります。

　それだけではありません。地域に根ざす老舗企業の場合は、地域の利害

関係者との関係が長期に及ぶことが想定されます。そのため、現経営者の代で地域の利害関係者との関係が完結するのではなく、先代世代から後継者に至る、いわば世代を超えて継続していく関係であるといえるでしょう。後継者と地域の利害関係者との関係をどのように継承していくかは、事業承継においても重要な課題となるのです。

■ 地域の人々とのかかわりから育まれる後継者の情操

次に、重要な利害関係者である地域社会が後継者にどのような影響を与えているのかを考えていくことにしましょう。

老舗企業の後継者の場合、幼少期から地域の自然や風土に触れて育ちま

図19　地域とファミリービジネスの相互依存関係

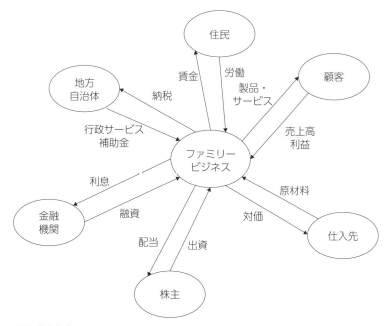

出所：筆者作成。

す。後継者の情操は、地域の人々とのかかわりの中で育まれるといえるでしょう。勿論、将来、ファミリービジネスの経営者としての思考や行動にもこのことが影響するものと考えられます。

　これは、後継者だけに見られることではありません。地域に根ざす老舗企業の場合は、先代世代の経営者も代々、同様に地域社会とのかかわりの中で思考や行動に影響を受けていることが多いのです。

■地域社会とのかかわりが経営者のアイデンティティを育む

　筆者の研究によると、老舗企業の経営者は地域とのかかわりの中で経営者としてのアイデンティティを育んでいる様子が示されています。大和川酒造店（福島県）では、代々の経営者が「喜多方の米と水で作られた酒造り」という経営理念を守り、独自の新商品開発や新たな販路開拓などの経営革新を行っています。

　例えば同社の現当主は、栽培農家を自社に取り込み、品質の高い酒造りに取り組んでいます。また、その後継者は、首都圏の居酒屋チェーンにおいて自社の地酒と共に、その原料米をご飯としてセットメニューで提供する取り組みを行っています。顧客には、非常に評判が良いようです。

　このように、老舗企業における代々の経営者は、生き抜く時代や経営環境こそ異なりますが、経営者の思考と行動のベースは地域社会とのかかわりの中で醸成されていると考えられます。

　伝統と革新を重んじる老舗企業の場合、革新はその時代に応じた後継世代経営者のオリジナリティが試されると考えられますが、伝統は地域社会とのかかわりあいの中で継承されていくものであるといえるかもしれません。老舗企業の革新と伝統のダイナミズムを考える際に、地域社会が与える企業の事業承継への影響は大きいのです。

10 地域創生の役割

■ 代々の経営者に求められる地域社会への貢献

　ファミリービジネスと地域社会には、雇用、顧客、原材料などの多様な相互依存関係があります。先代世代からの地域社会とのかかわりを継承しつつ、後継者は何を地域社会に残していくのでしょうか。

　地域社会に根ざしたファミリービジネスは、地域社会にヒト（地域住民）、モノ（原材料）、カネ（地域金融）、情報（地域ブランド・伝統技術など）といった経営資源を得ているだけではありません。さらに次の世代が地域と共生していけるように、地域の活性化に貢献していく必要があります。

　例えば、地域の経営資源を活用して、当該企業でしか提供できない技術や製品・サービスを提供する企業になるケースがあげられます。地域企業として顧客からの認知度が高まれば、企業の収益性が高められ税収を増加させることに繋がります。また、取引額や取引頻度が高まれば地域の活性化に繋がります。

　事業承継の観点から考えれば、後継者は先代世代において構築された使命を受け継ぎつつ、時代や経営環境の変化に応じたイノベーションをおこすことが求められているといえます。地域社会への貢献だけではなく、新たな時代に求められる地域創生の役割が、地域に根ざすファミリービジネスの後継者には代々求められているといえるでしょう。

■ 技術や製品・サービスの世界発信が地域を活性化させる

　上述の後継者による地域社会への貢献は、地域の利害関係者だけに限られるわけではありません。日本人で初めてフェラーリのデザインを手がけた奥山清行氏の著作では、氏の地元山形の職人の技術による製品が地域を越えて世界に展開されている事例が紹介されています。

図20　事業承継を通じた地域社会との新たな関係

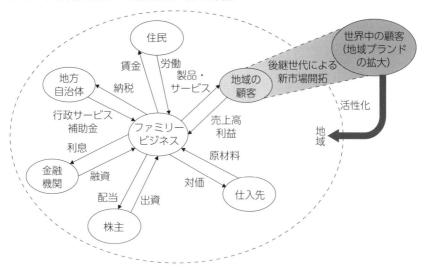

出所：筆者作成。

　地域社会で培われてきた技術や製品・サービスが、日本のみならず世界に発信されることで、国外の新市場開拓に繋がり、地域のブランドが内外に形成されることに繋がります。このことは、海外からの受注増加という直接効果と地域ブランドの浸透による購買増加という間接効果の両方を期待することができ、先述の通り結果として地域を潤すことに繋がります。

　この事例は、地域社会に根ざすファミリービジネスの後継者がイノベーションをおこす際の1つの示唆を与えてくれます。

地域社会と良好な関係を構築できるか

　地域社会とは、ファミリービジネスにとって次の時代を担う後継者たちの情操を育み事業経営に必要な資源を提供してくれる、重要な利害関係者です。加えて、後継者がイノベーションの源泉となる企業家活動を行うに当たっての指針を与えてくれる存在でもあります。

今後の日本の地域活性化を考えるに当たっては、地域に根ざすファミリービジネスの事業承継に着眼することで、ヒントを得られる可能性があります。後継世代による企業家活動をいかに促し、地域社会との良好な関係をいかに構築していくかが、重要な課題となってきます。

POINT
利害関係者と後継者の関係性におけるポイント

　松下幸之助は、企業は社会の公器であると述べています。これは、企業というものを特定の利害関係者の所有物として考えるのではなく、多様な利害関係者に支えられて存在するものとして考えるべきだとのメッセージであるといえるでしょう。

　本章で見てきた通り、利害関係者は企業の存続・成長に当たって必要となる多様な役割を担っています。第1に、顧客や仕入先との取引を通じて新技術や新製品が創出されるなど、企業のイノベーションを促進してくれる機能を果たす場合があります。第2に、地域社会や金融機関などの利害関係者は、企業の経営を監視するガバナンスの働きを担う場合もあります。第3に、経済団体などの財界関係者が業界内での利害対立の際に調整役を担ってくれる場合もあります。しかし従来、事業承継に伴う利害関係者との関係の維持や強化についての議論は、あまりなされてきませんでした。

　特に、上場企業のような大企業では、利害関係者が多数存在していることに加え、経済団体における主導的な役割も果たしていかねばならず、事業承継に伴う利害関係者との関係構築が重要な課題となります。この点、大企業の場合には、トップマネジメントが上手に役割分担を行っているケースがあります。例えば、前経営者である会長が経済団体の役員など対外的な業務を引き受け、新経営者となった社長が自社の経営戦略の立案と実行など内部的な業務を担当しているような事例です。

　通常、大企業の新経営者の場合、承継と同時にその仕事の範囲が急激に拡大します。第1に、新経営者には、従来の事業部門責任者としての部分最適なマネジメントから、全社的なマネジメントが求められるようになります。新経営者は、業務の横方向の大幅な拡大に対処しなければなりません。第2に、外部の利害関係者との関係の維持・強化というミッションが加わります。上述の役割分担のケースでは、新経営者が就任してからしばらくの間は前経営者が対外的な業務をサポートする体制が敷かれています。これによって新経営者は、前経営者が対外的な仕事を担っている間に、組織内部の全社的マネジメントに集中して経験を積めるのです。

第6章

経営戦略と
次世代組織の構築

　事業承継とは、実は後継者個人を育てるだけではないのです。企業が事業存続をはかる中で、組織も経営環境の変化に適応することは、避けて通れません。事業承継では、先代世代の経営戦略を承継もしくは吟味しつつ、環境変化に適応しうる経営戦略を立案・実行できる後継者と組織を育てる必要があります。

　この経営戦略とは、組織の目標（あるべき姿）と現状との差を埋める長期的な設計図のことです。組織の目標が大きければ大きいほど、現状とのギャップが大きければ大きいほど、後継者は、多数の従業員を巻き込んで戦略を実行せねばなりません。また、経営戦略は長期的な設計図であるため、後継者は、先代世代の戦略を参照しつつ、自らの戦略を立案する必要があります。

　本章では、事業承継と戦略・組織の関係について考えていきます。

01　経営戦略の承継

■ 後継者は先代世代の経営を参照・再解釈する

　筆者の調査によると、老舗企業の後継者の殆どは、先代世代がどのよう

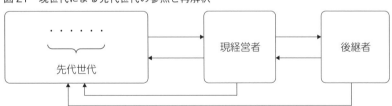

図21　現世代による先代世代の参照と再解釈

出所：落合（2016a）の図8-22（220頁）を引用。

な経営を行ってきたのかを参照していることがわかりました。

　ここでいう、後継者による先代世代の経営実践の参照とは、先代経営者の経営行動をたんに模倣する行動にとどまりません。後継者は変動する経営環境に適応すべく、どのような能動的行動をとるのかを検討するに当たって、先代世代の経営実践を参考にしているのです。著者の前著（落合、2016a）の事例で見ていくことにしましょう。

　例えば山本海苔店（東京都）では、現当主である六代目は、三代目の品質重視の姿勢、四代目の海苔普及への取り組みを参照し、HACCPの導入や海外現地法人の設立を行っていました。あみだ池大黒（大阪府）では、中興の祖である五代目当主は戦後、三代目による時代に合致した新商品開発を参照し、積極的に新商品開発に取り組んできました。大和川酒造店（福島県）では、現当主の九代目が、七代目や八代目による地域に根ざした本物志向の酒造りの方針を受け継いできました。地元産の高品質な米の調達や高い品質の酒を安定的に生産できるような製造設備の導入などにより全国新酒鑑評会で連続して金賞を受賞しています。

■先代世代の経営の参照がもつ積極的意味と消極的意味

　先代世代の過去の経営実践の蓄積は、長い期間を経て伝統や組織の慣習を形成します。後継者による先代世代の経営実践の参照は、かれらの思考や行動に2つの意味を生み出します。

表13　先代世代の経営実践の参照と制約・自律の関係

	先代世代の経営実践の参照事例	制約的要因	自律的要因
山本海苔店	・三代目の海苔の品質の重視，四代目の山本の海苔の普及（六代目） ・二代目の海苔の廉価での販売（後継者）	後継者の能動的行動の範囲の限定	参照の範囲内における後継者の裁量
あみだ池大黒	・三代目による時代に応じた新商品の追加（五代目・六代目・後継者）		
大和川酒造店	・七代目および八代目による「喜多方の米と水による本物志向の酒造り」の意向の重視（九代目・後継者）		

出所：落合（2016a）の表8-4（221頁）を引用。

　第1に，経営環境の変化に対しての後継者の能動的な思考や行動の範囲を限定する効果です。いい換えれば，自社の伝統の枠を踏み外させない効果ということができます。

　第2に，先代世代の経営実践の参照の範囲内であれば，後継者の思考や行動における裁量が担保される効果です。

　後継者は，先代世代の経営実践を参照して，経営環境の変化に適応した行動を行う際の指針としており，それは，ゼロから事業を立上げるベンチャー企業家にはない優位性であるといえるでしょう。この概念は，第7章で詳説しますが，後継者の事業ドメインの再設定において影響する概念になります。

02 技術が事業承継に与える影響

■ 世代を超えた競争優位の源泉となる技術

　企業活動における技術は、研究開発技術、生産技術、販売技術など多様で、それは、顧客の問題解決を行う企業の能力ともいえます。例えば、和菓子メーカーであれば、甘いものに目がない顧客（甘味が欠乏している問題）に対して、好みにあった甘味をもつ羊羹（甘味の欠乏の問題解決）をつくる能力（菓子製造技術）があると考えればわかりやすいでしょう。このように、技術は顧客価値を生み出す源泉であるといえるのです。

　顧客価値を有する製品・サービスは、顧客に対して、長期的に購買しようとする意欲を喚起し、競合企業と差別化した製品・サービスを顧客に提供することができます。

■ 承継技術は後継者世代の経営革新の起爆剤

　それでは、事業承継の観点からは、企業の技術についてどのように考えることができるのでしょうか。

　第1に、時代に応じた新製品・サービスを開発する際のベースとなることです。承継技術は、後継世代が経営環境に応じた経営実践を行う際の指針としての役割を果たしてくれる可能性があります。

　第2に、長期にわたって新製品・サービスを生み出すような技術は、世代を超えた競争優位の源泉となることです。酒造会社の醸造技術などがそれに当たります。

　第3に、技術を通じて、新たな市場開拓に繋がることです。例えば、酒造会社が自社の醸造技術を使用して、海外でジャパニーズワインとして製品を開発し、新たな顧客を開拓するような場合があげられます。

　日本の老舗企業では、長年にわたり培われてきた技術を、後継世代が経

営革新の起爆剤として活用していることが理解できます。

▍創業以来、技術を磨き続ける老舗企業

横澤利昌教授らの研究によれば、長年、特定市場において技術を磨いてきた老舗企業が多く存在しています。これらの老舗企業は、自社に受け継がれる技術や技術によって生み出される製品に、大きく依存してきました。しかし、エレクトロニクス業界をはじめとして、技術や製品は進歩します。

では、この技術や製品の進歩に、老舗企業はどのように対応してきたのでしょうか。この課題について、京都府の福田金属箔粉工業の事例で考えてみましょう。

横澤編著（2012）や福田金属箔粉工業のホームページによると、同社は1700年に創業され、創業300年をこえる老舗企業です。同社は江戸時代に蒔絵や屏風などの装飾用の金箔をつくっていましたが、明治時代に入り加工しやすい真鍮箔の製造を開始し、大正時代に入ると嗜好品市場の広がりからタバコ包装用のスズ箔を製造するようになりました。昭和に入ってからは、プリント配線基板用電解銅箔の製造を行い、戦後はカラーテレビなどのエレクトロニクス産業の成長に伴い、プリント配線基板用電解銅箔は主力製品として成長しました。

創業以来の同社の存続と成長の理由は、まさしく金属箔や金属粉の製造技術を経営環境の変化に応じて磨き続けてきたことです。それだけではありません。時に装飾用品市場、時にエレクトロニクス市場など、金属箔や金属粉の製造技術を用いて、時代に応じた製品を市場導入してきたことがあげられます。

▍技術への過度な依存は、自社の競争優位性を奪うことも

しかし、事業承継を通じて長期的に磨き続けてきた技術といえども、業界によっては万能ではないことに留意する必要もあります。過去の経営学の研究からは、代替製品や代替品を生み出す新技術によって、従来の競争

優位の源泉であった自社技術が無力化してしまう可能性もあることが示されています。

　企業の製品や技術は、顧客の問題解決を図る能力ということができます。例えば、パソコンのデータの保存という問題に対して、以前はフロッピーディスクという製品が顧客の問題解決を図ってくれていました。しかし現在は、USBメモリなど、品質や機能が遥かに向上した代替品が市場で普及しています。フィルム写真機からデジカメ（今ではスマホ）などでも同じような現象が見られます。

　このように、企業は事業承継を通じて技術を磨き上げていくことも重要ですが、技術に依存しすぎると、代替品やそれを生み出す新技術に自社の競争優位性を奪われてしまう可能性もあることを認識しておくことが重要となります。

老舗企業のブランドの機能と効果

■ ブランド価値＝利害関係者からの信用蓄積の賜物

　老舗企業の製品戦略では、事業承継を通じて伝統的製品と新製品をどのようにマネジメントするかが重要な課題の１つです。これは、事業承継において後継者が新製品開発を行う際に検討が必要です。

　ブランドは、見えざる資産と呼ばれ、製品の品質、機能、デザインなどにおける競合企業との究極の差別化要因となります。また、ブランドは自社内部で蓄積できるものではなく、顧客など外部の利害関係者において蓄積される性質があります。

　その意味では、現代まで続いてきた伝統的製品は、老舗企業が長い時間をかけて築き上げてきた利害関係者からの信用蓄積の賜物であり、ブランド価値を有しています。

では、このブランドの機能と効果について確認しておくことにしましょう。

■ ブランドがもつ「3つの機能」と効果とは？

石井・栗木ほか（2004）によると、ブランドには、主に、識別機能、保証機能、想起機能があるとされています。

第1の識別機能とは、他社製品と自社製品との比較において品質やデザイン上の差異が明確であり、区別が可能なことです。

第2の保証機能とは、ブランドの付与によって、製品における品質や機能、デザインの良さが保証されることを示します。

第3の想起機能とは、そのブランドが特定の製品に対する感情やイメージを顧客に想起させるようなことを示します。例えば、虎屋ときけば羊羹を思い起こす、というようなことをイメージするとわかりやすいでしょう。

そしてブランドには、いくつかの効果が考えられます。例えば、ブランド価値を有する製品の場合、顧客が当該製品に一定の価格プレミアムを支払うことから、価格競争に巻き込まれにくい性質があります。それだけではありません。顧客の購買意思決定において、特定のブランドを選好したり固執したりする傾向があることから、ブランド価値を有する製品は、企業にとって安定的な収益をあげられる源泉となる可能性があります。

■ 経営環境の変化に応じた自社ブランドの育成が重要

ブランドは、構築できれば企業の持続的な競争優位性に繋げることができます。老舗企業の後継者は、先代世代が構築したブランドを活用することができるというメリットがあるといえるでしょう。

他方、今ブランド価値があるからといって、後継者世代がブランドに対して何の投資も行わないということでは、問題があります。伝統的製品として歴史や名声はある一方で、製品の品質や機能、デザインが陳腐化してしまえば競争優位性を失ってしまいます。後継者は先代世代の築き上げたブランド価値に依存するだけではなく、経営環境の変化に応じた自社ブラ

ンドを育んでいかねばならないのです。

　福島県の大和川酒造店では、七代目以降、喜多方の米と水による本物志向の酒造りという理念のもと事業に取り組んできました。九代目は、主要ブランド「弥右衛門」を引き継ぎ、現在の「弥右衛門」ブランドを育み、大吟醸、純米酒などの複数の商品カテゴリーを開発するにいたっています。そして日本国内だけではなく海外にも新たな販路が開拓され、先代世代が築いた「弥右衛門」ブランドの普及がなされています。

　後継者は、「弥右衛門」ブランドを受け継ぎ、本ブランドのもと様々な新製品の開発や新市場の開拓などを行っているのです。その結果、「弥右衛門」ブランドは、全国新酒鑑評会において連続して金賞を受賞しているブランドとなりました。事業承継を通じて喜多方の米と水にこだわり続けた本物志向の酒造りが、製法や品質の確かさとして顧客に受入れられた結果といえるでしょう。数年にわたる金賞受賞からもわかるように、「弥右衛門」ブランドが地酒業界における確固たる地位を築いたといえます。

　このように、老舗企業では、後継者が先代世代によって築き上げられたブランド資産を活用するだけではなく、後継者自らが時代に応じた形でブランドを育んでいることがわかります。ブランドの構築には相当程度の時間がかかるものであるからこそ、我々は数世代にわたって事業承継されてきた老舗企業に学ぶことが多いといえるでしょう。

 伝統的製品における
ブランド拡張戦略

■ 老舗企業の伝統ブランドを拡張させる際の留意点とは？

　本節では、老舗企業の伝統的製品における「ブランド拡張戦略」について考えていきたいと思います。ブランドとは、長期的に構築されるものです。老舗企業の伝統ブランドとは、いわば大きな差別化要因であり持続的

な成長の源泉となります。

　しかし、事業承継を受けた後継者が、先代世代によって確立されたブランドにあぐらをかいているだけでは問題が生じます。企業が持続的に成長するうえで、自社ブランドの活用と育成のマネジメントが必要となります。自社ブランドの活用と育成においては、ブランド拡張の概念がヒントを与えてくれます。ブランド拡張とは、既に確立されたブランドを用いて新製品を開発しようとする戦略のことです。

　標準的なマーケティングの教科書によると、ブランド拡張の利点としては、既に確立されたブランド資産を新しい製品に活用することができる点があげられています。特に、数世代にわたって承継されてきた老舗企業において伝統的製品や製品群のブランドが確立されている場合は、新製品開発の成功（売上高や利益、企業イメージの向上）の可能性を高めてくれる可能性があり、競争上の大きな利点となります。

　また、一般的に新製品の場合は、消費者による認知がなされていないために、市場導入期において多くのコスト（開拓目的の広告など）や時間が必要になります。一方で伝統的なブランドの製品の場合には、上記のようなコストや時間を節約できるメリットがあるといえるでしょう。

　他方、ブランドの拡張には、留意点も隠されています。

　第1に、ブランドが確立されている既存製品とブランドを活用しようとする新製品との関連性が弱い場合、ブランドイメージが曖昧になってしまうことです。例えば、地域の原材料使用を売りにしている地酒メーカーが、地域と関係のない製品を開発するような場合です。

　第2に、伝統ブランドが活用された新製品において仮に瑕疵などの問題が出た場合、既存製品を含む大元の伝統ブランドにまで、そのイメージ低下による負の影響を与えてしまう可能性があります。

▌地域にこだわり、ブランドイメージの曖昧化を防ぐ

　筆者の調査によると、原材料に地域のものを用いている製造業などでは、

地域に根ざし地域に強いこだわりをもっている企業が多くあります。

先に取りあげた喜多方の大和川酒造店では、喜多方の米と水による本物志向の酒造りを理念にかかげています。同社では、「弥右衛門」ブランドを純米酒や吟醸酒といった複数の製品カテゴリーへと拡充を行っています。このような既存ブランドによる既存製品のカテゴリーの拡充のことをブランド拡張と区別して、ライン拡張と呼びます。

同社は、喜多方という地域にこだわり、原料米を供給する農家を取り込んで大和川ファームという農業法人を設立しています。また、同社ではレストランチェーンを通じて、地酒と共に、原料となる有機米を提供するという取り組みを行っていました。

このように老舗企業が地域にこだわる理由としては、第1にブランドの識別や保証にかかわる機能が働いていることが考えられます。例えば、福島県が米どころで、新鮮で芳醇な水に恵まれている点から、他社製品との差別化ができます。また、喜多方が蔵の街であることから、日本酒をはじめ醬油や味噌の産地であるというイメージを消費者に抱かせる狙いもあるでしょう。これはブランドの想起の機能といえます。

それだけではありません。老舗企業が地域にこだわる第2の理由に、既存ブランドの製品群と新製品との関連性が弱い場合の欠点（ブランドの拡張に伴う負の効果）を補う狙いが考えられます。

地元密着型の老舗企業の場合は、大手企業と比較して、製品自体のブランドの確立が十分でない場合もあります。そこで、地域に根ざす老舗企業は、地域のネームバリューに依拠できる範囲内で自社ブランドを拡張することによって、自社製品のブランドイメージの曖昧化を防いでいるとも考えられます。いい換えれば、地域とは、地元密着型の老舗企業が自社製品のブランドのアイデンティティを確立するうえで補完的な役割を果たしているといえます。

次からは、次世代組織の構築について考えていきましょう。

後継者の右腕の育成

■ **後継者を支える組織の世代交代**

　事業承継では、後継者を育てるだけではなく、後継者を支える次世代の組織を同時並行的に構築していかねばなりません。第5章では、現経営者世代の経営幹部や従業員の中に、後継者をどのように溶け込ませていくのかを考えてきました。

　時間の経過に伴い、現経営者世代は、その影響力が弱くなり第一線から退いていきます。経営者の世代交代と共に考えていかねばならないのが、後継者を支える次世代の組織の世代交代です。

　後継者の育成が成功しても、後継者を支える組織が構築できなければ、事業承継は成功とはいえないのです。

■ **次世代の番頭を誰がどう育てるのか**

　番頭の役割は、経営者の仕事の支援を行うことに加え、必要に応じて経営者に諫言を行うことです。であればこそ、率直に良いことは良い、悪いことは駄目といえる人物であるべきです。

　そのような人材を誰が選抜してどのように育成していくべきでしょうか。現経営者が選抜する場合、後継者に諫言できる可能性が高まる反面、現経営者の意向が組織に残りやすくなるかもしれません。他方、後継者が選抜する場合、自分の意向を汲んでくれそうな人物を選んでしまい、後継者のガバナンスが弱くなる可能性があります。

　このような問題に対して、いくつかの老舗企業ではユニークな慣行をもって対応しています。某企業では、番頭が番頭を選ぶルールがありました。番頭は組織への高いコミットメントをもつと同時に、経営上の異論を表明できる人材です。番頭とは、それができる人材でなければ選抜して育成で

表14　次世代経営幹部の選抜

	想定される効果
先代が選抜	〈メリット〉 ・後継者に経営上の対案を提示できる可能性がある 〈デメリット〉 ・承継後も先代経営者の意向が残ってしまう可能性がある
後継者が選抜	〈メリット〉 ・後継者にとって仕事がしやすい可能性がある 　（後継者の意向を汲みやすい経営幹部） 〈デメリット〉 ・選ばれた経営幹部が、後継者に経営上の対案を提示しにくい可能性がある

出所：筆者作成。

きないというのが理由なのでしょう。他の企業では、番頭のポジションを代々世襲するルールも存在します。その会社では、番頭として企業の中でどのような役回りをするのかについての慣行が代々ファミリーで承継されているようです。

次世代経営組織の構築

■ 次世代経営組織の構築には時間がかかる

　後継者主導の組織を構築するには、番頭の選任だけでは十分ではなく、次世代経営者主導の組織的な体制をつくっていかねばなりません。例えば、製造業であれば、製造部門や販売部門の責任者、技術者、経営スタッフなどです。これは、組織の分業・階層関係や権限・責任関係を再構築していくことを意味します。次世代の経営組織が有機的に機能するためには、製造部門や販売部門などの従業員が個々の専門性や職務遂行能力を蓄積するだけではなく、後継者との関係を構築していく必要があります。

　ここでは近江屋ロープ（京都府）の事例を見てみましょう。同社は、基

図22 後継者の組織における位置づけの例

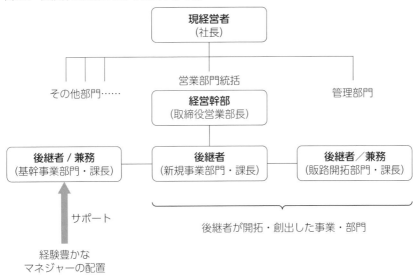

出所：筆者作成。

幹事業であるワイヤロープ等を扱う産業資材部門と新規事業部門で獣害防止ネット等を扱う農林環境部門をもっています。後継者は入社後、まずは農林環境部門を任され、新規事業部門を拡大させてきました。その後、基幹事業部門と新規事業部門の両方の責任者を兼務する配置がなされています。

■ ベテラン社員によるサポートの裏面的な意味

　この兼務の配置は、後継者の育成や組織の運営においてどのような意味をもつのでしょうか。

　第1に、組織横断的な能力を養成することです。本社の基幹事業部門での経験を積むことで全社を俯瞰できる能力を身につけることができます。

　第2に、後継者に全社的な視野を学ばせつつ、組織として新規事業を伸長させる意味です。後継者に引き続き新規事業を任せるにしても、基幹事業部門の経験がある方が、自社にとってより現実的なマネジメントにつな

がりやすいでしょう。しかし、新規事業部門だけでも相当な時間とエネルギーが必要なのに、後継者はさらに追加的な時間とエネルギーを要する基幹事業部門の仕事をこなしていけるのでしょうか。

　この問題に対する解決策が、経験豊かな社員が基幹事業部門に配置されていることです。彼らが後継者をサポートしているのです。後継者は基本的に、基幹事業部門における現場実務は経験豊かな社員に任せ、彼らから業務報告を受けることで、基幹事業部門における経験を積んでいます。このように、後継者が基幹事業部門を兼務しながらも、新規事業部門に専念できるようにしています。また組織にとっても、新規事業部門は将来の成長の種（基幹事業の候補）です。だからこそ、次世代経営者によって主導されることに意味があるといえます。

■ **後継者のサポート役に選ばれる意味**

　上記のことは、後継者にとってのみ意味があるのではありません。

　配置された従業員にも、後継者を支える次世代組織の中枢を担っていくという意識を醸成することができます。彼らに将来の事業承継に向けて、従業員たちにも次世代経営幹部になるべく意識を喚起し、そのための能力を蓄積するよう準備をさせることができます。

07　ビジネスシステムの承継

■ **ビジネスシステムに組み込まれた中小企業**

　大企業などは、仕入、生産、物流、販売など自社ですべてを担って顧客に価値を提供している企業も多くありますが、中小企業は、サプライチェーンをはじめとするビジネスシステムの中にあり、その一部を担うケースが殆どです。

ビジネスシステムとは、企業内もしくは企業間の取引関係や協働関係のことです。このビジネスシステムは、製品・サービスと異なり、競争優位性を持続しやすい特徴があります。例えば製品の場合は、良い品質や機能、優れたデザインであっても競合企業から模倣されやすいという弱点があります。他方、ビジネスシステムには、企業間における取引の慣行、細かな取り決めや不文律があり、どのようなメカニズムで顧客に価値が提供されているのかが、外部からわかりにくいという特徴があります。仮に模倣しようとするのであれば、サプライチェーンに参加する企業をすべて洗い出し、各企業が相互にどのような取引条件を結んでいるのかなどを詳らかに把握する必要があります。そのため、競合企業からは模倣されにくく、いったん優れたビジネスシステムができてしまうと差別化が持続しやすいのです。

　このようなビジネスシステムを活かしているケースとして、金型産業を中心とする産業集積があります。東京の大田区や関西の東大阪市における金型の町工場などの中小企業群を想像するとわかりやすいでしょう。これらの企業は、事業承継を通じて企業同士が密接にかかわりあいながら、技術を磨き事業存続してきました。企業が産業集積を形成する理由は、企業相互に集積の利益を享受するためです。

■長期的な利益を犠牲にしてはいけない

　上記のようなビジネスシステムや集積に企業が組み込まれている場合、事業承継に当たっては留意する必要があります。それは、後継者が安易に他社との取引関係の見直しに着手してしまうことで長期的な利益を毀損してしまう可能性があるからです。

　加藤厚海（2016）の東大阪の金型産業の研究によると、景気変動を受けやすい金型企業は、企業間で取引の融通をすることで需要変動を平準化しています。本来であれば、需要のピークにあわせて資源（ヒトやモノなど）を準備すべきです。しかし中小企業の場合、固定費が大きくなってしまい

需要の閑散期には事業の存続が厳しくなります。そのため、集積内部で工夫することによって企業の伸縮自在性を高め、事業の存続を図っているのです。日本には、この他、地場産業や企業城下町などで企業間の取引関係が存在しています。スポット取引では、経済合理性に基づいて取引関係を見直すという行為は正当化されます。しかし、長期的な観点で考えた場合、短絡的な取引関係の見直しは、企業の存続にとっての長期的な利益を失ってしまう可能性も出てくるのです。

確かに、事業承継が、企業の再創業の良い機会となることは確かです。しかし、だからといって、事業承継を機に従来の慣行をすべて変革すべしというのは行き過ぎた議論といわざるを得ません。

自社と長年の取引関係がある仕入先や顧客との取引条件を変更することは、容易なことではありません。得意先企業と切磋琢磨して、困難を互いに乗り越えてきた歴史的経緯があるからです。製品・サービスと異なり、複雑な企業間の取引関係、すなわちビジネスシステムの承継は、慎重に評価して対応していく必要があるのです。

08 特定企業への依存の検討

■ 特定企業に依存する中小企業も多いが……

従来、「中小企業白書」などで、中小企業の脱下請企業化のテーマが議論されてきました。特に、企業城下町型の産業集積では、中小企業の主要取引先に対する取引依存度の高さに関心が向けられてきました。

特定企業への取引依存度が高くなると、顧客(例えば大企業)側の取引上の交渉力が高まります。顧客側の交渉力が高まることは、コスト、納期、品質などにおいて厳しい要求が中小企業に突きつけられることに繋がります。それだけではありません。大企業の発注は大口のものが多く、景気動

向によって大きく変動します。例えば、中小企業が大企業の需要要請に応じて設備増強の対応をとったにもかかわらず、景況感の悪化に伴う発注減や発注停止の影響を受けてしまうケースがあるようです。

このように、特定企業への依存が強くなると、企業の成長や存続の鍵が特定企業に握られてしまうことに繋がります。それでは、取引上の交渉力が弱い下請け型企業には、どのような解決策が考えられるのでしょうか。

■ 事業承継を通じた技術強化と顧客の多様化が重要

筆者の調査によると、事業承継を上手に活用して、取引上の交渉力を強くしている下請け型企業がいくつか見られます。

第1に、後継者育成による技術提案機能の強化です。例えば、後継者を自社の業界とは関係のない業界において他社経験を積ませて入社させる方法です。自社の川下に位置する企業であれば、後継者が新たな提案に繋がる技術的知識を身につけることができます。そしてこの後継者主導による社内チームを設置して、将来的な要素技術の研究開発を行っている企業もあります。

第2に、後継者の新市場開拓活動による顧客の多様化です。京都の近江屋ロープでは、代々の後継者に対して本社（京都）から遠くはなれた場所での顧客開拓が、入社後の最初の仕事として与えられていました。同社は京都で200年以上も存続してきた会社であり、地元の顧客基盤をもっています。同社の取り組みは、時代の変化や経営環境の変化に応じて地元以外の新たな顧客開拓を行い、地元の特定企業への取引依存を減らし、リスクの分散化を図っている例と考えられます。

■ 企業行動の自律性を高め、取引先と新たな関係を築く

特定企業への依存が低減されると、企業の自律性が高まります。自律性が高まることは、企業にいくつかの効用を与えてくれることに繋がります。

第1に、顧客の多様化によって、主要取引先に対しての発言力が高まる

ことです。コスト、納期、品質などにおいて、交渉の余地が広がる可能性が出てきます。第2に、多様な顧客への対応によって、企業には多様な技術開発を行う必要が生じ、結果として多様な顧客ニーズに柔軟に対応できる可能性が高まることです。第3に、多様な顧客との接触を通じて自社の将来の革新の種を見つけ出すことにつながることです。自社の潜在能力を引き出し、イノベーションをドライブしてくれるようなリードユーザーと出会える可能性もあります。

企業行動の自律性を高めることは、主要取引先との新たな関係をつくり、自社の競争力を高めることだともいえるでしょう。主要取引先との新たな関係の構築は、過去の文脈を知る先代経営者ではなかなかできないことかもしれません。その意味で、新たな価値観をもった後継者だからこそ、行いやすいといえるでしょう。

09 M&Aのメリットとデメリット

■ 事業承継の一手法としてのM&A

最近の後継者難の解決策として注目を浴びているのが、M&A（事業の買収と合併）です。具体的には、後継候補者が存在しない企業が、第三者である企業に事業を譲渡もしくは売却する方法のことを示します。

本節では、M&Aによる事業承継の積極的な効果と消極的な効果を考察しておくことにしましょう。

後継者がいない、または後継者が育っていないなどの悩みを抱える企業がそのままでは廃業してしまう場合、M&Aは効果的な方法の1つです。経営陣や資本関係が変わりますが、売却企業にとっては、築き上げてきた歴史やブランドなどを承継できる可能性が高まります。

また、買収企業にとっては、自社にない技術や人材、工場や店舗、既存

の仕入先や販売網などを獲得することができます。コストはかかりますが、このような経営資源をゼロから構築するための膨大な時間や労力を節約することができます。それだけではありません。基幹事業が成熟化している企業の場合、M&Aによって新事業展開の足掛かりを得る良い機会ともなります。

■M&Aの消極的な効果も考慮する必要がある

しかし、M&Aの消極的な効果もいくつか考慮する必要があります。第1に、簿外債務が存在する可能性です。上場企業であれば、有価証券報告書などによって企業の財政状態や経営成績を定期的に開示する義務がありますが、非上場の多くの中小企業ではその義務がありません。そのため、買収に当たっては入念なデューデリジェンスが必要となります。

第2に、従業員の仕事意欲に与える影響です。事業の売却にかかわることは従業員の処遇にも影響を与えるものであり、多くの場合、秘密裏に交渉を進める必要があります。M&Aの進行プロセスの事実が従業員に周知されてしまうと、仕事意欲に負の影響を与えてしまう可能性もあります。加えて、M&Aが上手くいった場合も、買収側と売却側の組織文化の融合などの問題への配慮も必要となるでしょう。

第3に、M&Aによって取得した事業資産の利用における不確実性です。例えば、買収企業が、売却企業の従前の技術やブランドをそのまま維持して活用できるかは不確実です。特にブランド資産は、自社内で構築できるものではなく外部で蓄積されるものであり、買収企業が想定した通りに顧客サイドが受入れてくれるとは限りません。また、旧来の取引先は、M&A前の企業の伝統や信用で取引をしていた企業も少なくなく、買収企業が既存の販売網や仕入網を上手くいかしきれない可能性もあります。

M&Aとは、取引の対象となるものが人の束である事業であり、実行に当たってはきめ細かい対応が求められます。事業承継問題の解決策としてM&Aは、効果がある反面、企業のおかれる環境や組織に応じて、反作用があることも考えておく必要があります。

POINT

経営戦略と次世代組織構築のポイント

　事業承継は、組織にイノベーションをおこす絶好のタイミングです。それは、代々承継してきた慣習を重んじる先代経営者と新たな価値観や発想をもつ後継者との相互のかかわりが、組織に変革を生み出す契機となるからです。事業承継においては、企業の革新を主導する後継者を育てることに加え、後継者を支え積極的に革新を推進する組織を構築することが必要でした。これはファミリービジネスだけではなく一般企業の事業承継にとっても重要です。しかし、一般企業の事業承継はファミリービジネスと異なる面があるのも確かです。ここでは、特に一般企業の特徴に則した課題を考えてみます。

　第1に、いかにして新旧両世代の経営者が存続・成長にかかわる目標を共有するかという課題です。先行研究によると、ファミリービジネスでは世代間で目標を共有しやすい傾向があることが示されています。世代間で目標を共有しやすいために、世代間で経営上の意見の対立が生じても、その対立を目標実現のための経営革新の契機にできるという強みがあるといえます。一方で一般企業の経営者はファミリービジネスの場合とやや異なり、自身の経営者在任期間を意識するあまり、事業承継後、組織への関与が少なくなる可能性が考えられます。加えて、外部から優秀な人材を経営者として招聘する場合もあるでしょう。このような場合、経営者が世代間で組織の存続・成長にかかわる目標の共有ができず、目標を実現するための経営戦略もぶれてしまうなど、事業承継が組織を弱めるきっかけとなってしまう恐れもあります。

　第2に、事業承継プロセスの中でいかに次世代組織の革新的行動を生成してインキュベートできるかという課題です。ファミリービジネスの後継者は、ファミリーの内部者であるために比較的思いきった行動をとることができます。また、その行動も現経営者から許容されやすいという特徴がありました。しかし一般企業の場合、現経営者の影響力が強い間は、後継者および次世代組織が思いきった行動をとりづらいかもしれません。後継者や次世代組織による能動的な行動が、現経営者に受入れられにくい傾向があるからです。

　一般企業においても、積極的な意見のぶつけ合いが生まれるような時間・空間を事業承継プロセスの中に作れるかが重要となるでしょう。

第7章

後継者の企業家行動とガバナンス

　ここまでは、後継者にいかに事業の当事者意識をもたせるか、能動的な思考や行動を起こさせるか、という観点から説明してきました。本章では、いよいよ後継者が独り立ちし、一人前の経営者として思考し行動するうえで必要な内容を解説していきます。主な内容は、企業家としての後継者の思考や行動に関することと、後継者に対して適正な経営を規律づけするためのガバナンスについてです。

01　企業家研究の観点から見た後継者

■後継者を「一人の企業家」と捉えることで見えてくるもの

　長らく日本では、事業承継の問題が会計税務の領域を中心に議論されてきました。その一方、欧米ではファミリービジネス研究の分野で事業承継の問題が、経営上の重要な研究テーマとされてきました。主たる研究領域としては、事業承継における現経営者（バトンを渡す側）の役割にはじまり、後継者（バトンを受ける側）の乗り越えるべき課題に焦点が当てられた後、両者の関係性に関心が向けられました。欧米の研究において一貫して追究されてきたのが、いかに上手に次の世代に経営のバトンを引き継ぐ

図23 企業家研究と事業承継研究の融合

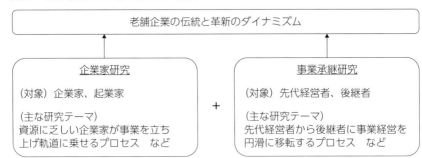

出所：筆者作成。

のかという課題です。

　この研究課題が重視されたのは、欧米の、世代から世代への事業承継率の低さに起因しているという見方があります。そのため、経営のバトンを引き継いだ後継者の承継後の行動の生成と展開については、事業承継研究の領域では十分な議論がなされてきませんでした。

　経営学の1つの研究領域として、企業家研究（アントレプレナーシップ研究）があります。企業家研究とは、経営資源（ヒト、モノ、カネ、情報）に乏しい企業家がゼロから事業を立上げて軌道にのせる行動を研究するものです。

　一見すると、企業家研究はファミリービジネス研究や事業承継研究と関係がないように思えます。しかし、経営のバトンを引き継ぐ後継者は、最初から経営資源（ヒト、モノ、カネ、情報）を自分の思うように使えるわけではありません。その意味では、ファミリービジネスの後継者を一人の企業家と捉えることで、事業承継のプロセスを豊かに説明することができます。

■ 後継者に求められる、企業家と同様の特性

　企業家研究によると、一般的に企業家とは3つの特性をもった主体として定義することができます。

　第1に、企業家の思考や行動の進取性があげられます。企業家には、先人の経営者たちと明確に差別化された思考や行動が求められます。

　第2に、革新性をもたらす役割があることです。革新性とは、前述の進取的な思考や行動に基づいて、新製品の開発、新市場の開拓など組織にイノベーションをもたらすことを意味します。

　最後に、リスク・テイキングがあげられます。企業家とは、先例のない中で、新しい課題に果敢に挑まねばならず、その行動には当然リスクが伴います。

　このように、企業家の定義から考えると、事業承継のプロセスにおかれている後継者にも企業家と同様の特性が求められていると考えることができます。

　日本の老舗企業の研究では、駅伝タスキ経営というメタファーを活用した概念があります。駅伝ランナー（後継者）は、前走者（先代経営者）からタスキ（事業）をしっかりと受け取らねばなりません。それだけではありません。駅伝ランナーは、区間責任を果たさねばなりません。区間責任を果たすことは、後継者が自分の時代（経営環境）に適合した独自の思考や行動を起こさねばならないことを示しています。この経営環境に応じた独自の思考と行動とは、まさしく企業家の特性そのものだといえます。

　企業家研究を事業承継研究にもち込むことで、日本の老舗企業の伝統と革新のダイナミズムをより生き生きと動態的に考察することができます。

02 先代から引き継ぐ経営資源と後継者

■ 独自に経営資源を調達する「ベンチャー企業家」

これまでの企業家研究は、ベンチャー企業家を中心に研究がなされてきました。具体的には、ベンチャー企業家がゼロから事業を立上げて、軌道に乗せるために必要な要件とプロセスが議論されてきました。

論者によって多少定義が異なりますが、概ねベンチャー企業家の活動の要件とプロセスとは、「事業機会の認識」「事業ドメインの設定」「必要な経営資源の調達」「事業の管理」と定義することができます。つまり、ベンチャー企業家の活動とは、経営環境において自らチャンスを見出し、事業構想を練って、必要な経営資源を調達し動員を図ることだと考えられるのです。

■「経営資源への依存」が思考や行動の幅を狭めることに

他方、ファミリービジネスの後継者は、ゼロから事業を立上げるベンチャー企業家とおかれる環境と求められる能力が異なります。

ファミリービジネスの後継者は、事業承継プロセスで自ら経営資源を調達せずとも、先代世代の保有する経営資源（ヒト、モノ、カネ、情報）に依存することができます。その意味では、ファミリービジネスの後継者は、自ら必要な経営資源を調達しなければならないベンチャー企業家と比較して、大きなアドバンテージがあります。

ファミリービジネスの後継者は、先代経営者に経営資源を依存できるというメリットがある一方で、そのデメリットも存在します。それは、先代経営者に経営資源を依存するが故に、後継者が先代経営者の意向に配慮しなければならなくなる可能性が高まってしまうことです。

例えば、後継者による新事業の展開に伴う、資金などの経営資源の支援

表15 ベンチャー企業家とファミリービジネス後継者の経営資源調達

	ベンチャー企業家	ファミリービジネスの後継者
プロセス初期の資源の調達形態	独自に調達	先代経営者への依存 一部、独自に調達
利　点	資源動員に当たり誰かに配慮する必要がない	利用可能な資源がすでに存在する
欠　点	必要資源が調達できない可能性がある	(依存する場合) 先代経営者の意向に配慮する必要がある

出所：筆者作成。

がその一例です。後継者は新事業資金を先代経営者から支援してもらう代わりに、先代経営者の意向を多少なりとも汲む必要が出てきます。このことは、先代経営者の協力を得られる一方で、後継者独自の主体的な思考や行動の幅を狭めてしまう可能性も秘めています。

　他方、ベンチャー企業家の場合は、独自に経営資源を調達する必要があるので、調達された経営資源の動員に当たっては誰に対する配慮も必要ないことがあげられます。

後継者による独自の取引先開拓が企業家活動の発露に

　筆者の調査によると、特に事業承継プロセスの初期において、実は後継者は無条件に経営資源を利用できる状況におかれていないことが示されています。

　前にも述べたように、後継者は多くの経営資源が集積している本社に配置されるのではなく、新事業や海外現地法人などの十分な経営資源が用意されていない環境（動員できる経営資源が制約された環境）に配置されていました。そのため、後継者は不足する経営資源を独自に外部の利害関係者から調達しなければならない仕事（新規の供給業者や顧客の開拓など）を任されていたことになります。

　このような外部の利害関係者との取引関係がもたらすのは、必要な経営資源を調達することだけにとどまりません。後継者が、会社内部にはない

思考や発想を獲得できます。その意味で後継者と外部の利害関係者との相互作用は、革新の発露となるといえるかもしれません。

このように、事業承継プロセスの初期における後継者の行動については、後継者の先代経営者への経営資源の依存関係の視点から分析することで、様々な知見を得られるといえるでしょう。

03 経営資源の制約による後継者の課題

■ ファミリービジネスの後継者とコーポレートアントレプレナーの類似点

日本の大手企業などでは、通常、新市場開拓（海外での販売拠点設置など）や新製品開発を行う際に、社内ベンチャーとして子会社を設立することがあります。この社内ベンチャーは、本社から必要な経営資源（従業員、工場や設備、資金、ブランドや技術など）の提供を受けています。社内ベンチャーの経営者（以下、コーポレートアントレプレナーと表記）は、本社に対して経営資源を依存しており、ゼロから事業を立上げるベンチャー企業家（起業家）とは性格を異にします。

コーポレートアントレプレナーには、多くの場合、新事業における利益責任が求められます。コーポレートアントレプレナーのポジションとは、事業規模は小さいながらも経営責任を負うことであり、擬似的な経営者としての思考や行動を経験できるというメリットがあります。そのため、大手企業では、社内ベンチャーが将来の経営幹部候補に経験させる１つの仕事機会として活用される場合があります。

実は、これまで述べてきた通りファミリービジネスの後継者の環境や求められる能力は、コーポレートアントレプレナーと似ているといえます。

事例では、後継者は先代経営者の管理下にあるものの、新規プロジェクトにおいて独自の思考や行動が求められ、売上高や利益の責任を伴う仕事

図24　企業家にとっての経営資源の制約

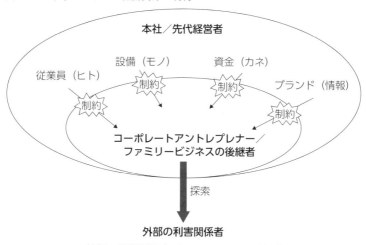

外部の経営資源（ヒト、モノ、カネ、情報）

出所：筆者作成。

を任されていました。その意味では、コーポレートアントレプレナーと同様、新規プロジェクトにおいて利益責任が求められています。

　それだけではありません。コーポレートアントレプレナーとファミリービジネスの後継者とは、利用可能な経営資源が制約されているという意味でも似ているといえます。コーポレートアントレプレナーは、新事業の設立時こそ、本社から従業員や資金などの経営資源の支援を受けますが、いざ事業が開始されると追加的な経営資源の提供は制限されます。コーポレートアントレプレナーもファミリービジネス後継者も、自分で経営資源を調達することが求められるのです。

　コーポレートアントレプレナーの場合の「本社」を「先代経営者」と読み替えれば、ファミリービジネスの後継者も同様の仕事環境におかれていることが見えてきます。特に事業承継プロセスの初期（後継者の入社直後の時期）において、後継者は先代経営者の経営資源を無条件に利用できる

状況ではなく、先代経営者からの経営資源の供給が制限されていることが、筆者の研究でも示されています。

■ 経営資源の制約によって育まれる企業家精神

最後に、本社（先代経営者）から提供される経営資源の制約が生み出す意味について、考えていくことにしましょう。

第1に、コーポレートアントレプレナーや後継者の視野を外部に向けさせるという効果（経営上の視野の拡大）があります。本社（先代経営者）という自社内部からの経営資源の供給に制約がある中で、新事業の経営に必要な経営資源を外部の新たな調達先（例えば事業を展開する地域社会など）に求めなければなりません。

第2に、コーポレートアントレプレナーや後継者の企業家精神を涵養する効果があげられます。事業経営において本社や先代経営者に依存する姿勢ではなく、自分で必要な経営資源を獲得して展開していく自律性が求められます。このコーポレートアントレプレナーもしくは後継者による主体的行動が、将来全社的なレベルでのイノベーションを起こしうる企業家としての素地をつくるといえるでしょう。

第3に、本社（先代経営者）との関係性を構築するバランス感覚を養成できる効果です。コーポレートアントレプレナーや後継者は、将来、全社的規模の仕事が任されます。その際に必要なことは、外部の利害関係者から新たな経営資源を調達するだけではなく、既存の経営資源（本社や先代経営者が保有する経営資源）と融合させながらの上手なマネジメントの能力なのです。

このように、企業家の概念を事業承継プロセスにもち込むことで、ファミリービジネスの後継者育成について多くの示唆を得ることができます。

04 新旧両世代による経営資源マネジメント

■ 経営者にとって最も扱いが難しい人的経営資源

本節では、新旧両世代による「経営資源のマネジメント」の重要性について見ていきます。

経営資源とは、ヒト（従業員）、モノ（設備・原材料）、カネ（資金）、情報（技術・ブランド）を示します。この経営資源の中で、経営者にとって最も扱いが難しいのが、ヒト、すなわち人的経営資源です。その理由は、ヒトが感情をもつ資源であり、個体で思考・行動するのではなく、人間関係を伴って思考・行動する資源であるからです。企業の派閥のようなものを想像すると、人的経営資源の特性を理解しやすいかもしれません。

現経営者から後継者への承継プロセスにおいても、人的経営資源のマネジメントが重要な課題となります。例えば、後継者は現経営者世代の経営幹部や技術者とどのような関係を築いていくのか、また、現経営者は後継者をサポートする次世代経営幹部とどのような関係を築いていくのか、などの課題です。

■ 後継者独自に獲得した経営資源には強みもあるが……

第2章で、二代目以降の経営者は、外部に目が向きやすいということを紹介しました。二代目以降の経営者（後継者）が、特に承継プロセスの初期において、先代経営者世代の経営幹部や従業員と十分な信頼関係が築けていないことが、その理由として考えられました。そのため、後継者は組織外部において自分で築き上げた利害関係者との関係に依存する傾向があるのです。外部の業界団体や地域団体（商工会議所や商工会など）の青年部の仲間（同じ後継者仲間）との関係も含まれるでしょう。

また、現経営者からの権限委譲がなされると、後継者自らが従業員を選

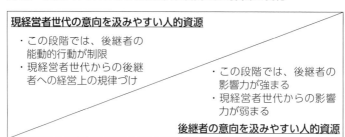

図 25　承継プロセスにおける新旧両世代間の人的資源の変化

出所：筆者作成。

抜・採用するようになります。この後継者自身によって選抜・採用された従業員は、基本的に先代経営者ではなく後継者の意見を汲んで思考や行動を行う傾向があります。

このように、後継者にとって、独自に獲得した経営資源は先代経営者世代に配慮する必要がなく、自由に動員しやすい性質があります。ファミリービジネスの後継者にとって経営資源の制約は、能動的な行動を促す点についても以前言及しました。後継者は、自由に動員できる経営資源を拡大することで、自身の描く方向に経営を行いやすくなるといえるでしょう。

■ 事業承継における現経営者の役割とは？

先述の通り、承継プロセスの進展に伴い、現経営者から後継者への権限委譲の程度は大きくなります。その結果、後継者独自の獲得資源が増え、先代経営者世代の経営幹部や従業員の影響力が減ってくることを意味します。これには、次世代による能動的な思考や行動の幅が広がり、組織においてイノベーションがおこりやすいという積極的な意味があります。

他方、後継者独自の獲得資源の拡大は、消極的な意味も生み出します。第1に、先代経営者世代による後継者への経験の伝承がしにくくなること

です。第2に、後継者に忖度する経営幹部や従業員が増えてしまい、後継者の経営上の暴走を招いてしまう可能性を高めてしまうことです。このことは、先代経営者世代による後継者への経営上の牽制や規律づけが弱まっていることが原因の1つとして考えられます。

　事業承継における現経営者の重要な役割の1つは、後継者による先代世代への資源依存と後継者独自の獲得資源を上手にマネジメントすることであるといっても過言ではありません。新旧世代間の経営資源のマネジメントが、次世代経営者への適切なガバナンスを担保しながら次世代経営者による主体的な思考や行動を促すことに繋がるといえるでしょう。

　このように、新旧両世代における経営資源のマネジメントの視点から考えるだけでも、複雑なファミリービジネスの事業承継について多くの示唆を得ることができるのです。

　次節では、企業家研究における第2の主要論点である後継者の事業機会認識の観点から、ファミリービジネスの事業承継を考えていくことにしましょう。

05 後継者に求めたい事業機会の認識

■ 企業の存続に大きく影響する「事業機会」の察知能力

　標準的な経営学の教科書によると、企業は経営環境の変化に影響を受けます。経営環境とは、政治（法律、制度）、経済（為替、金利、株価）、社会（人口、文化、宗教）、技術（技術革新）を示します。企業が持続的に成長していくためには、経営環境に適応して生き抜かねばなりません。

　事業機会（ビジネス・チャンス）とは、この経営環境の変化に伴って立ち現れるといわれています。その意味では、ビジネスで成功を収めたりイノベーションを起こしたりする場合には、機敏に事業機会を察知できるか

図26　経営環境の変化とファミリービジネス後継者の行動

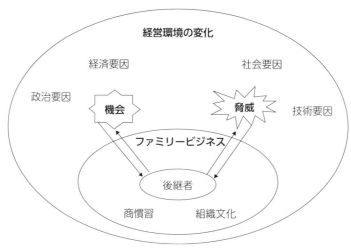

出所：筆者作成。

どうかが重要となります。

　他方、逆の意味も存在します。経営環境の変化に伴って、従前の製品やサービスが意味をもたなくなってしまう可能性も秘めています。

　このように、経営環境の変化に伴う機会や脅威に対応できるかは、企業の存続に大きな影響を与えるといえます。

■ **後継者の「事業機会の認識」が甘くなりやすい理由**

　事業承継において、事業機会の認識の観点から考えていくことにしましょう。

　企業のおかれる状況によって異なりますが、一般的にファミリービジネスの後継者は、新たな事業機会の認識の必要性に迫られにくい傾向があるようです。その理由は、先代世代によって既に確立された事業や製品・サービスなどがあるからです。その意味では、ゼロから事業を立上げるベンチャー企業家の方が、事業機会の認識にハングリーだといえるでしょう。

ファミリービジネスの後継者は、現経営者の恩恵にあずかれるが故に、事業機会を認識する感受性を弱めてしまう可能性があります。それだけではなく、脅威（ビジネス・リスク）に対する察知能力を鈍らせてしまうことにも繋がります。先代世代からのレガシーが存在するが故に、特に後継者が若い時代には次期経営者としての事業の当事者意識を芽生えにくくさせてしまう傾向があるようです。

■ **自社と異質な環境が、後継者の視野を広げる**

それでは、ファミリービジネスの後継者の機会認識の能力をどう涵養していくべきなのでしょうか。この問いに対して、これまでのファミリービジネス研究では、様々な議論が行われてきました。そのいくつかを紹介することとしましょう。

第1に、後継者として入社する前に他社経験を積ませるというものです。他社経験からは、自社にはない知見（製造・販売の方法、技術など）や組織文化を学ぶことができます。第2に、後継者が入社後、擬似的な企業家としての思考や行動を経験させる方法です。具体的には、子会社や関連会社の経営者を任せるようなやり方です。一国一城の主として、利益責任が求められるような経験が有効と考えられます。

この2つの方法は共に、自社と異質な環境に後継者を置くことで、後継者自身の視野を広げてくれる可能性があります。

しかし、外部の世界を体験させることだけで、後継者の機会認識（脅威回避）の感受性を高めることができるのでしょうか。特に老舗企業の場合、創業以来の商慣習や技術などが存在しており、無条件に新しい発想や価値観をもち込むだけでは意味をなさないことが多いようです。

筆者の研究によると、後継者の語りからは、自社の文化や組織の特性を理解することで、自社が何をすべきで何をすべきでないかを峻別する能力が高まる様子が示されています。このことは、ゼロから事業を立上げるベンチャー企業家にはない制約といえるかもしれませんが、視点を変えれば

優位な点であるといえるかもしれません。

老舗企業の場合は、創業以来の商慣習や技術などが存在しているが故に、後継者が経営環境の変化から何を見出すべきか、もしくは後継者は何を回避すべきかの指針が与えられているといえるでしょう。

 事業ドメインの設定

■「事業ドメインの設定」の2つのタイプとは？

続いて、企業家活動で重要となる、事業ドメインの設定について見ていきます。企業家活動において重要な要件の1つが、事業ドメインの設定です。

事業ドメインとは、事業活動もしくは事業展開を行う領域のことを示します。事業ドメインの設定には、2つのタイプが考えられます。

第1が、ゼロから事業を立上げるベンチャー企業家による事業ドメインの設定です。ベンチャー企業家による事業ドメインには、過去からの制約は存在しないことから、比較的斬新に事業ドメインを設定しやすい特徴があります。

第2が、既存事業をもつ企業による事業ドメインの設定です。既存事業をもつ企業の場合、既存事業の制約がある中で、新たな事業ドメインを定義するという特徴があります。

■既存事業との関係性も十分に考慮

ファミリービジネスには先代世代からの事業分野が存在していることから、この第2の事業ドメインの考え方が参考となります。それでは、第2のタイプの企業による事業ドメインの設定事例を見てみることにしましょう。

一般的に、既存事業をもつ企業は、既存事業と新たに開始しようとする

事業分野とのシナジー効果（1＋1＝2以上の効果）を期待して、新たな事業ドメインを定義しようとします。

例えば、東急グループは、鉄道事業をはじめ不動産事業や流通事業を行っています。東急グループは、コアの鉄道事業の収益を上げるために、沿線の宅地開発（不動産事業）を行いました。宅地開発が進めば、沿線の住民の増加に繋がり、通勤通学のための鉄道利用者が増加することに繋がります。それだけではありません。沿線の駅近くにスーパー（流通事業）を作っていきました。これによって、沿線の住民や乗客の利便性が高まり、鉄道利用者が増え、沿線の住宅需要がさらに拡大することに繋がります。

このように、事業ドメインとは、既存事業との関係性を考慮して設定する必要がある概念であることが理解できます。

■ 後継者独自の新事業の構想を練る必要性

次に、事業承継において事業ドメインの考え方がどのように活用できるかを考えていくことにしましょう。

事業承継では、後継者は先代世代から事業を引き継ぐだけではなく、後継者独自の思考や行動が求められます。事業ドメインとは、後継者の独自の思考や行動の基礎となるものであると考えることができます。後継者は、先代世代の頃と異なる経営環境のもとで、先代世代によって設定された事業ドメインの点検と見直し（再定義）を求められる存在だといえるでしょう。

後継者が既存の事業ドメインの見直しを行うことには、2つの効果があります。

第1に、先述の東急グループの事例のように、既存事業とのシナジー効果が期待できることです。ファミリービジネスの場合は先代世代からの経営資源が存在することから、既存事業との相乗効果が期待できる分野に展開することで、既存事業の活性化と新事業展開の両方を実現できる可能性があります。

第2に、後継者に先代世代が築き上げた既存事業の意味を再考させる効果です。確かに、後継者は先代世代と生き抜く時代が異なることから、新しい価値観を組織にもち込みやすい特徴があります。しかし、後継者は新しいことに取り組もうとするが故に、既存事業がもつ隠された意味を見過ごしがちになることも事実です。

　加藤敬太（2014）によると、企業家活動の継承において事業ドメインの再解釈が重要であると指摘しています。その意味で、ファミリービジネスの後継者は、事業承継プロセスを通じて、既存事業の意味を捉え直して独自の新事業の構想を練っていく必要があるといえるでしょう。

　このように、後継者による事業ドメインの再定義という視点から世代間の事業承継を考察することで、ファミリービジネスの伝統と革新のダイナミズムについての手がかりが掴めるかもしれません。

07　後継者による事業ドメインの再定義

■新事業と既存事業の関連性が論点に

　一般的に後継者による事業ドメインの再定義には、活動領域の方向性と広がりに関する2つの論点があげられます。

　最初に、事業ドメインの方向性について考えていくことにしましょう。

　事業ドメインの方向性とは、これから新たに展開しようとする事業のベクトルを示すものです。既存の事業領域をもつファミリービジネスにおいては、後継者による新事業のドメインと既存事業のドメインとがどの程度関連しているのかが論点となります。既存事業のドメインと関連する場合、後継者による新事業は、既存事業とのシナジー効果を期待することができます。他方、既存事業のドメインとの関連性が高いが故に、後継者による新事業展開が既存事業からの制約を受けてしまう可能性もあります。

図27　後継者による事業ドメインの再定義

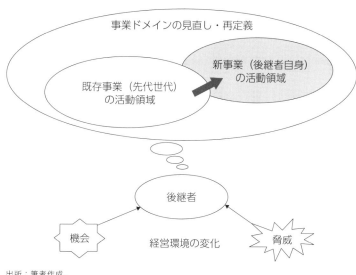

出所：筆者作成。

　既存事業のドメインと関連しない場合、後継者による新事業は、企業にとっての経営上のリスク分散効果が期待できます。一方で、既存事業のドメインと関連性がないが故に、後継者は過去の見本がない中で事業展開をせねばならず、挑戦的な事業展開となってしまう可能性もあります。

■ 定義が広すぎると新事業の焦点が抽象化してしまう
　次に、後継者による事業ドメインの広がりについて考えていくことにしましょう。
　事業ドメインの広がりにおいては、後継者によって展開される新事業の活動領域が広すぎるのか、逆に狭すぎるのかということが論点になります。事業ドメインの定義が広すぎる場合、後継者による新事業のミッションが抽象的になってしまいます。それにより、従業員の意欲の矛先が分散してしまい、想定する効果が得られない可能性もあります。反対に、事業ドメ

インの定義が狭すぎる場合、潜在的な事業機会を逃してしまう可能性があります。

このように、後継者による事業ドメインの再定義において、その方向性や広がりをどのようにマネジメントしていくかということは、事業承継上、重要な課題となるのです。

■ 事業ドメインによって自社の制約と課題が明らかに

最後に、後継者による事業ドメインの再定義がファミリービジネスの経営において及ぼす効果について考えていくことにしましょう。

後継者の事業ドメインの方向性と広がりについて、ファミリービジネス経営の観点から考察すると、将来的なファミリービジネスの経営上の制約を認識することができます。後継者によって再定義された事業ドメインは、ファミリービジネスにとって即時実行可能であるとは限りません。

後継者の事業ドメインの再定義とは、あくまで事業の構想段階のものです。後継者による事業の展開段階においてはじめて、不足する経営資源(制約)が顕在化してくる可能性があります。それだけではありません。伝統的な老舗企業では、組織的な慣性が後継者の進取的な思考や行動の制約となる可能性もあります。

上記の経営上の制約とは、ファミリービジネスが将来的に乗り越えるべき課題を示しているともいえるでしょう。経営環境の変化に伴い、先代世代の時代には問題とならなかった要因が、後継者の時代には次々と脅威となって降りかかってくる場合があります。後継者が、経営環境の変化に適合するよう新たに事業ドメインを再定義することで、脅威を回避し、新たな事業機会を掴むことができる可能性もあります。

将来的に乗り越えるべき課題が提示されるからこそ、ファミリービジネスの承継プロセスにおいて後継者による事業ドメインの再定義という行為が正当化されることに繋がるのです。

このように、後継者の事業ドメインの再定義が及ぼす組織への効果につ

図28　ファミリービジネス後継者の企業家活動プロセス

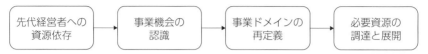

出所：Hisrich & Peters（1989），Wickham（1998），金井・角田編（2002）、並びに落合（2018）を参考に、筆者が加筆修正のうえ作成。

いて考察することで、企業の伝統と革新のメカニズムの一端を垣間見ることに繋がるでしょう。図28に、ファミリービジネスの後継者による企業家活動プロセスを図示しておきます。

08　差別化戦略から考える事業承継

■「市場」「製品・サービス」「事業のしくみ」の視点から考える

　差別化（差異化）戦略とは、競争戦略における基本戦略の1つです。基本戦略とは、その他コストリーダーシップ戦略と集中化戦略を含め、3つの戦略から構成されています。このうち差別化戦略とは、競合他社との企業行動上の違いを出すことであり、自社の企業行動上の独自性を示すものであるといえるでしょう。

　差別化戦略においては、市場、製品・サービス、事業のしくみの3つの視点から考えると理解しやすいでしょう。

　第1に、市場の視点とは、自社が市場においてどのセグメント（市場を細分化した単位）を対象にするかという見方のことです。例えば、全セグメントを対象とするのか、特定のセグメントを対象とするのかと考えるとわかりやすいでしょう。

　第2に、製品・サービスの視点は、製品・サービスの品質、機能、デザインなどにおいてどのように差を出していくのかというものです。

表16　後継者による差別化（独自性）の３つのポイント

視点	内容
市場のセグメント	活動する市場セグメントでいかに違いを出すのか
製品・サービス	品質、機能、デザイン等でいかに違いを出すのか
ビジネスシステム	製品・サービスの生産・販売のプロセスでいかに違いを出すのか

出所：筆者作成。

　第３に、ビジネスシステムの視点とは、製品・サービスが生産されてから出荷され顧客に販売されるまでのプロセス（そのプロセスにおける企業間の協働関係も含む）において、どのように差を出していくのかというものです。特に、ビジネスシステムの差別化とは、自社の有効性（顧客価値の向上など）や効率性（投資回転率の向上／コスト低減など）を高める手段となります。

■ **後継者の企業家行動と先代経営者の企業家行動の違いとは？**

　ここで、この差別化戦略の観点から、事業承継の問題を考えていきます。事業承継では、後継者の企業家行動において、先代経営者の企業家行動とどのような違いを出すのかが大きな論点となるでしょう。

　これまで先代経営者と後継者の事業ドメイン（企業活動の領域）の比較について述べました。後継者による差別化とは、後継者によって再定義された事業ドメインにおける具体的な企業家行動を示します。

　先述の差別化の３つの視点から考えると、後継者による差別化とは、市場におけるセグメント、製品・サービス、並びにビジネスシステムにおける先代経営者の企業家行動との違いといえるでしょう。この違いは、事業承継プロセスを通じた後継者による独自の企業家行動の発露ということができます。

■ **先代との「違い」を出すだけでは不十分**

　他方、事業承継の根幹である後継者によるイノベーションの観点から考

えると、たんに先代経営者との違いを出すだけでは十分ではありません。競合他社との間での違いを出していかねばなりません。

例えば、競合他社が展開していない市場のセグメントへの展開（市場のセグメントの視点）、品質における優位性（製品・サービスの視点）、出荷・物流における優位性（ビジネスシステムの視点）などです。後継者によるイノベーションとは、先代世代との違いを含め、競合企業との比較においても進取性や革新性が求められているといえるでしょう。

後継世代による企業成長の方向性

▍企業成長の方向性を検討する

本節では、製品・市場マトリックスから見た後継者の課題を取り上げます。

一般的な経営学の教科書によると、企業とは、製品・サービスを生産して販売（市場投入）する継続的な組織であると定義されています。どのような製品を開発するのか、どのような顧客（市場）を開拓するのかは、企業の成長の方向性を検討するうえで重要なテーマとなります。

経営戦略研究家のアンゾフ（Ansoff, H. I.）は、製品・市場マトリックス（成長ベクトル）という、企業成長の方向性を検討する概念を提示しています。製品・市場マトリックスは、ファミリービジネスの次世代経営者の企業行動を分析するうえで参考となります。

▍後継者による新たな成長の方向性

これまで見てきた通り、事業承継とは先代経営者から伝統を引き継ぐだけではなく、後継者による新たな成長分野への展開や既存事業の活性化（革新）が必要となります。アンゾフの製品・市場マトリックスは、後継者に

よる新たな成長の方向について、市場浸透、新市場開拓、新製品開発、多角化の4つの方向を示すことが可能です。

第1の市場浸透とは、既存の製品を既存の顧客に供給して市場シェアを拡大しようとする戦略のことです。具体的には既存製品の宣伝広告や物流の強化などがあげられます。後継者にとっては、比較的取り組みやすい戦略といえるでしょう。

第2の新市場開拓開拓とは、既存の製品を新市場に出し新しい顧客を開拓しようとする戦略のことです。例えば、既存製品を日本国内だけではなく海外の新しい顧客に提供することがあげられます。製品の輸出にとどまらず工場や店舗を現地で展開する場合には、法律や文化の違いなども乗り越えなければなりません。

第3の新製品開発とは、新しい製品を開発して既存の顧客に供給しようとする戦略のことです。具体的には、技術開発や研究開発を行うことで、既存の製品ラインに新製品を追加することで売上高や利益の拡大を目指すものです。新製品開発は、従来の製法や組織の変化を伴うことになります。

表17　製品・市場マトリックスから見た後継者の課題

成長の方向	製品	市場（顧客）	後継者の主要な課題
市場浸透	既存	既存	・宣伝広告による市場シェアの拡大 ・物流網の構築、流通経路の変革　など
新市場開拓	既存	新規	・国内外における新規顧客の開拓 ・海外の場合、現地の法律、宗教、文化の違いの克服　など
新製品開発	新規	既存	・新技術の開発 ・製品化のための研究開発　など
多角化	新規	新規	（新市場開拓と新製品開発の課題に追加） ・新しい業界への展開に伴う、新たな経営資源（ヒト、モノ、カネ、情報）の調達 ・既存事業とのシナジーやリスク分散の検討　など

出所：Ansoff（1965）の第6-1表（邦訳1982、137頁）を参考に筆者作成。

■ 企業に大きな変化を要求する「多角化」

　最後の多角化とは、新しい製品を新しい顧客に供給していこうとする戦略のことです。例えば、鉄道会社が不動産事業に展開していくようなことが考えられます。

　多角化は、新製品開発や新市場開拓よりも、企業に大きな変化を要求します。伝統的なファミリービジネスでは組織の慣性（変化への抵抗など）が働きやすく、後継者にとっては大きな挑戦的課題となります。

　製品・市場マトリックスの観点からは、市場浸透、新市場開拓、新製品開発、多角化の順で、後継者に求められるエネルギーは大きくなります。ファミリービジネスの事業承継では、企業を取り巻く経営環境、製品ライフサイクルなどの複数の要因を考慮して、将来の成長ベクトルを検討する必要があります。

10　事業承継における製品戦略

■ 伝統的製品への固執が事業の存続を危うくする場合も

　老舗企業では、創業以来の製品が存在することがあります。このような伝統的製品は長年蓄積された伝統を有しており、企業の象徴のような位置づけになっている場合も少なくありません。

　しかし、時代の変化に伴って、伝統的製品がコスト倒れになってしまっている場合もあります。さらに、伝統的製品に固執するが故に、事業の存続自体を危ぶませてしまうことにも繋がりかねません。その際に、考える視点を与えてくれるのが製品ライフサイクル説です。

　第2章で、人生のライフサイクルと事業承継との関係について考えました。製品ライフサイクル説とは、製品にも人と同様に寿命があって、製品の誕生から撤退までのステージを示すものです。製品ライフサイクルは、

図29 製品ライフサイクル説における後継者の検討課題

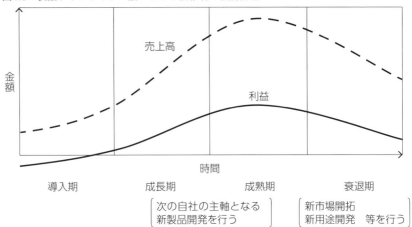

出所：Kotler & Keller (2007) を参考に加筆のうえ筆者作成。

導入期、成長期、成熟期、衰退期の4つの段階で構成されています。

　第1の導入期とは、技術開発や研究開発の段階を経て製品がいよいよ市場に登場する段階のことです。導入期では、特に研究開発などの先行投資がなされていることから、売上高は上がりますが当初は利益は赤字という状態もあります。第2の成長期とは、製品の消費者への認知度が高まり、売上高や利益が急激に上昇する時期のことを指します。この段階は市場が急拡大する段階でもあり、競合企業の参入も多く、競争的な広告を行うなど費用がかさむ段階でもあります。第3の成熟期とは、売上高や利益の上昇が落ち着いてくる段階のことです。売上高や利益が頭打ちとなり、製品によっては減少の傾向を示す段階です。第4の衰退期とは、文字通り、売上高や利益の減少傾向が鮮明になってくる段階です。

■ 採算が合わない製品は、製品ライフサイクルから見直す

　ここで、冒頭で述べた老舗企業における製品戦略を考えてみることにしましょう。

これまで述べてきた通り、長期的な事業継続にとっては、伝統を引き継ぐこととイノベーションが重要なファクターとなることは疑う余地がありません。仮に、採算が合わない創業以来の製品が存在する場合は、製品ライフサイクル説の観点から見直してみることも必要でしょう。

　売上高や利益の減少傾向が顕著に現れている場合、製品分野の見直しや撤退を検討する必要があります。または、創業以来の製品からの撤退によって、自社の伝統の象徴としての機能が失われてしまう可能性がある場合は、新たな用途開発などを検討するべきでしょう。

　他方、イノベーションの観点からは、次の自社の主軸となりうる新製品の開発に向けた取り組みも重要となります。あるいは、先の創業以来の製品を国内市場だけではなく海外市場に展開していく新市場開拓も、1つの方法かもしれません。

　代々の後継者が先代世代が築き上げてきた伝統を重視しつつ、経営環境の変化に応じた新たな製品の提案を行ううえで、製品ライフサイクル説は重要な示唆を与えてくれます。

11　後継者による新製品開発

■ 内部の伝統的製品との関係も重要な課題

　製品戦略のうち、新製品開発の意義はいくつかあげられますが、老舗企業において、以下3つの主な意義が考えられます。

　第1に、自社の製品ラインを充実することができることです。製品ラインの拡充は、新たな収益機会を生むことに繋がります。

　第2に、古く陳腐化した製品の代替を図ることができることです。これは、衰退期に位置する創業以来の製品からの撤退（もしくは新たな用途開発）に伴う、新製品（用途開発の場合、新機能が提案された製品）の市場

導入のことです。

　最後に、競合企業に対する製品差別化を図れることです。これは、競合企業に対する差別的な競争優位性に繋がります。老舗企業における新製品開発とは、外部の競争戦略の観点だけではなく内部の伝統的製品との関係においても、重要な課題となります。

■ 新製品開発に有益な視点を提供する「製品3層モデル」

　次に、新製品開発を検討する場合に有益な視点を提供してくれる概念として、製品3層モデルについて確認しておきましょう。製品3層モデルとは製品の価値構造を3層構造で表したもので、中核的製品、実際的製品、拡大的製品の3つの概念から構成されています。

　第1の中核的製品とは、製品の便益（本質的な製品の価値）です。自動車であれば、人や荷物を目的地に速やかに移動させることがそれに当たると考えることができます。

　第2の実際的製品とは、製品の品質、デザイン、機能、ブランドなどになります。自動車では、デザイン性、耐久性、燃費の良さなどのことであり、多くの消費者にとって製品の価値として一番想起しやすい概念であるといえるでしょう。

　第3の拡大的製品とは、品質保証、アフターサービス、配送などに当たります。自動車会社による購買後の無料保守点検サービスなどのことであり、付随的に製品自体の価値を高める役割を果たしているといえるでしょう。

表18　製品差別化のポイント

中核的製品	便益、製品の本質的価値など
実際的製品	品質、デザイン、機能、ブランドなど
拡大的製品	品質保証、アフターサービス、配送など

出所：Kotler & Keller（2007）の図10-2（邦訳2008、221頁）を参考に加筆のうえ筆者作成。

この製品3層モデルは、老舗企業が新規で全く新しい製品を開発する場合のみならず、既存製品のモデル・チェンジを検討する場合などにも参考にすることができます。老舗企業が、競合企業との製品差別化を図るのかを検討するうえで、重要な示唆を与えてくれるでしょう。

　例えば、あみだ池大黒（大阪府）では、伝統的な和菓子製品「おこし」を守りつつ、若者向けにアレンジした新製品（チョコレートでコーティングしたおこし）の開発を行っています。これは、製品3層モデルでいえば実際的製品のレベル（品質）における他社との差別化ということができます。このように、新製品開発によって製品差別化が実現できれば、老舗企業は持続的成長に伴う新しい糧を得ることに繋がります。

　他方、これまで述べてきた通り、老舗企業には、伝統的な製品が存在することが多くあります。

　例えば、新製品開発によって競争優位な製品差別化を図れたとしても、これによって伝統的な製品のブランドイメージを毀損してしまっては意味がありません。老舗企業で新製品開発を行うに当たっては、伝統的製品との整合性を検討しておく必要があるでしょう。先のあみだ池大黒においても、新しく開発される製品は、創業以来の伝統的製品の「おこし」に依拠しつつ、現代人に合致した形で提案されています。

　このように、老舗企業では、単純に新製品開発を行うのではなく、外部の競争戦略の観点と、内部の伝統的製品との整合性の観点から検討しなければならないことがわかります。

12　新製品開発における世代間の役割と協働

■ 新製品・サービスの開発プロセスとは？

　新製品開発は自社の製品ラインの活性化をはかる重要な手段となります。

伝統的製品をもつ老舗企業は、後継者による新製品開発への挑戦が、重要な意味をもっています。

　事業承継プロセスを通じて、後継者に対していかに新製品開発への取り組みを行わせるのかという課題を考える場合に、石井・栗木ほか（2004）の新製品・サービスの開発プロセスの概念が示唆を与えてくれます。この新製品・サービスの開発プロセスは、「アイデアの創出」「コンセプトの開発」「技術・収益性計画」「製品・サービス設計」「要素技術開発」「工程設計と生産準備」「市場導入」で構成されています。

■ 独立部門の設置で、既存部門が影響を受けにくくなる

　新製品開発において、アイデアの収集と製品コンセプトの開発（アイデアを消費者ニーズに合わせること）は、最も重要な段階であるといえます。老舗企業では、伝統的な製品と比較していかに新しさを出していけるかがポイントとなります。

　筆者の調査によると、後継者に新製品開発を担当させる場合、新製品開発プロジェクトチームが組織されることがよくあります。このプロジェクトチームは、製造部門や販売部門の配下に設置されるのではなく、経営者直轄の独立部門として設置されることが多いようです。

図30　後継者による新製品開発プロセス

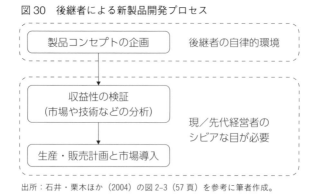

出所：石井・栗木ほか（2004）の図2-3（57頁）を参考に筆者作成。

経営者直轄の独立部門として設置される理由は、既存部門からの影響を受けにくくする工夫であるということができます。特に老舗企業の場合、伝統的な製品が存在する関係から、既存部門の間では新製品の開発には前向きでない雰囲気があります。

新製品開発の勘所ともいうべきアイデアの創出や製品コンセプトの開発の段階においては、自由なアイデアを取り込み自由な発想を育む環境が必要です。その意味で、新しい価値観をもった後継者主導による経営者直轄型のプロジェクト組織が、アイデア創出や製品コンセプトの開発の段階において有効な組織形態であるといえるでしょう。

■ **収益性計画などでは経営幹部によるシビアな評価も必要**

他方、アイデアや製品コンセプトが優れていても、新製品開発が成功する保証はありません。新製品開発には、技術や収益性の問題など現実的な課題を乗り越える必要があります。新製品・サービスの開発プロセスの中盤以降については、組織内の各部門との横断的なコミュニケーションが重要となります。

先述の後継者によるプロジェクト組織は、製品コンセプトの決定以降は、既存の製造部門や販売部門との対話と連携が必要となるのです。しかし、筆者の事例研究によると、経験の浅い後継者は、製造部門や販売部門の責任者（現経営者世代の経営幹部）との交渉で行き詰まる場合がしばしば生じることが示されています。

この段階における現経営者の役割として重要なことは、製造部門や販売部門の責任者がなぜ後継者の提案を渋るのかを十分に精査せねばならないことです。後継者の提案を渋る理由が、新製品への単なる感情的な拒絶なのか、もしくは技術や収益性の面で問題が生じる可能性があるからなのかを吟味しなければなりません。前者であれば、現経営者は、後継者の取り組みを側面支援すべきでしょう。他方、後者の場合、新製品開発における盲点を指摘するなど必要な牽制の意味が隠されており、この場合には、現

経営者は後継者に取り組みについて再考を促す必要があるでしょう。

なお、アイデアの創出や製品コンセプトの開発、収益性に関する現経営者世代の経営幹部との交渉、さらには市場導入に向けて試行錯誤する一連のプロセスは、後継者にとって良い訓練の機会となります。事業承継のプロセスにおいて、後継者が試行錯誤できる機会を与えられることこそが、ファミリービジネスだからこその醍醐味といえるかもしれません。

このように、後継者による新製品開発プロセスの観点からは、事業承継における様々な示唆を得られることがわかります。

13 事業承継における「スタートスモール・キルスモール」

■「見切り」がよいと次の挑戦を生み出す母体になる

三井家では、『宗竺遺書』の中で、「商売には見切りが大切であって、一時の損失はあっても他日の大損失を招くよりは、ましである。」が後世への戒めとして伝えられています。これは、事業経営において、撤退する基準を明確に定めておく必要性を説いているものと考えることができます。

撤退基準が明確になることは、事業承継にも様々な効果を生み出します。第1に、当事者が事業と心中してしまうことを防ぐ効果です。事業へのコミットメントが高ければ高いほど、この傾向が強いようですが、基準を定めておくことで、引き際がわかります。

第2に、次の挑戦のための組織の体力を温存できることです。事業に対して一球入魂型で取り組んでしまうと、上手くいく場合もあれば時に大きな損失を招き自滅してしまう場合もあります。時には諦めることも重要だというメッセージです。

■ 挑戦の当事者は自分でブレーキをかけにくい

これまで、事業承継はイノベーションの機会であり、後継者のリスクを厭わない進取的な挑戦が必要であると述べてきました。ただし、後継者の挑戦がすべて上手くいく保障はありません。後継者による様々な種蒔きの中から、革新の芽が育まれていくものです。組織としては1つの挑戦に社運をかけてしまうのではなく、その後の二の矢三の矢が放てる状態にしておく必要があります。

しかし、挑戦した当事者というのは、事業への思い入れが強く、中々自分でブレーキをかけることが難しいものです。某老舗企業の事例では、現経営者もしくは番頭は、後継者の新しい挑戦について比較的寛容な姿勢をもっていますが、一方で上手くいかなくなった際には早期に介入してブレーキをかける役割も担っています。

■ 挑戦と失敗の許容を包含する承継プロセス

撤退基準をもつことと並んで、小さく始めるということを重視している会社もあります。第3章の後継者の配置の項で、組織の辺境に後継者を配

図31　後継者の実績の組織的伝播

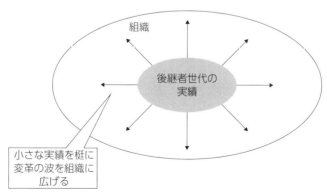

出所：筆者作成。

置するということについて述べました。組織の辺境に当たる部署とは、本社の基幹事業ではなく、売上や利益の貢献がまだ小さい新規事業もしくは関連会社や子会社であり、その仕事からはじめることが「小さく始める」ということに当たります。

　事業承継において、スタートスモール・キルスモールの戦略が有効な理由は、伝統的な基幹産業を守りつつ、イノベーションの種になりうる新規事業を後継者に小さくはじめさせることができるからです。現経営者は、事業承継プロセスを通じて明確に撤退基準（キルスモール）を定め、その範囲内において後継者に小さく新事業に挑戦させる（スタートスモール）ことが肝要になります。これによって、大きな損失を招く前に直ぐに撤退することで、損失は限定的となり、次の挑戦ができる組織の温存と失敗の教訓を組織に蓄積することができます。特に、ファミリービジネスの場合には、後継者がファミリーであるが故に複数の小さな失敗を許容しうる寛容さがあり、スタートスモール・キルスモールの戦略が機能しやすいといえるかもしれません。

　事業承継では、後継者の挑戦と失敗を許容するプロセスと、組織がイノベーションの種を撒くプロセスとを同期化することが可能となるのです。

14　地域ブランドの育成

■ **外形的な施策では、本質的なブランド構築はできない**

　近年、地域ブランドという言葉がよく取りあげられています。企業は独自にブランドを構築できなくても、地域ブランドを冠につけることでその恩恵を受けることができます。一般的に地域ブランドは、地域から生み出される一次産品や二次産品（一次産品の加工品）、もしくは地域で培われた技術による製品などを指します。松坂牛、今治タオルなどを想像すると

わかりやすいでしょう。

　企業ブランドとは構築するのに時間がかかり、構築されたブランドも環境の変化に応じて育成する必要があります。この地域ブランドについても、企業ブランドと同様のことがいえます。現在、地域ブランドの構築に当たって地域団体商標の制度や行政による補助金制度などがありますが、このような外形的な施策に依存するだけでは十分ではありません。本質的なブランド構築には、地域に存在する個々の企業が、ブランドの育成に取り組む必要があります。

■ **地域企業の後継者の主体的行動に対する指針に**

　地域ブランドによって顧客への浸透度合いは異なりますが、地域ブランドの育成にはいくつかの方法が考えられます。

　第1に、製品分野からの取り組みです。伝統技術の保存と伝承、製造工程の改良などによるものです。第2に、流通分野からの取り組みがあげられます。地域ブランド製品を取扱う流通業者の選定と開拓（見直しを含む）などがこれに当たります。最後に、販売促進の観点からの取り組みです。具体的には、百貨店における物産展の開催、地域ブランドの広告などの方法が考えられます。

　このように、地域ブランドについても、企業や製品のブランド育成と同様に、地域ブランドのファンとなる顧客を開拓して維持していかねばならないのです。

　多くの地域企業では、世代から世代へと長年にわたって原材料や技術を地域から調達してきました。実は、地域ブランドの育成における取り組みが、地域企業の後継者による主体的行動に対する指針となっている可能性があるのです。

　企業の長期的な存続のためには、伝統の継承と経営の革新が必要です。先代経営者は後継者に伝統継承について指南はできても、経営革新の方法について指南するのは容易なことではありません。既存の事業や製品が成

熟する中で、地域企業の後継者は、新しい感性で事業機会を掴まねばなりません。その意味で、地域ブランド育成の取り組みは、新製品開発や新市場開拓などの革新的行動に繋がるヒントを後継者に与えてくれるのです。

■ 社内外の各種関係の維持・活性化という役割も

　地域ブランド育成の取り組みは、後継者の能動的行動に対する指針を与えるだけではありません。地域企業同士の取引関係を維持し活性化してくれる役割があります。

　例えば、ある地域で長年続く佃煮製造業があるとしましょう。この企業は、同じ地域の一次産品（貝や小魚など）を、同じ地域の取扱業者から仕入れます。また、佃煮製品を出荷して、その地域の流通業者を通じて販売を行います。地域ブランドとは、川上から川下にかけてのサプライチェーン全体で構築される資産です。すなわち、地域ブランドを育成する試みは、サプライチェーン間の取引関係をより強固なものにしてくれる可能性があるのです。

　事業承継における大きな課題の1つに、社外の利害関係者との取引関係にかかわる承継があります。特に、売上高や利益の源泉となる仕入先や顧客との関係が上手に先代経営者から後継者に引き継がれないと、多くの地域企業の事業存続に悪い影響を与えてしまいます。地域企業は、事業承継を通じて地域ブランドの育成を図り、また地域ブランドの育成を通じて社内外の利害関係者との円滑な事業承継に取り組んでいるといえるかもしれません。

15 地域社会のガバナンス

■ 地域社会からの監視と規律づけ

　地域社会は、企業に恩恵を与えるだけではありません。奥村昭博教授によると、企業の利害関係者である地域社会が、ガバナンスの役割を担うと指摘されています。つまり地域社会が、ファミリービジネスの歴代の経営者の行動に対して牽制と規律づけを行うケースがあるのです。

　例えば、先述の大和川酒造店（福島県）における事例で考えてみることにしましょう。同社では、代々の経営者が自社の利益だけではなく、地域の利益のために活動してきました。同社の歴代経営者は、本来行政が担うべき地域の社会基盤整備の活動を通じて、地域社会との間に長期的な信頼関係を構築していったのです。例えば、五代目当主や六代目当主は、地元の橋梁の設置や道路の整備を行いました。また、八代目当主は、蔵の町・

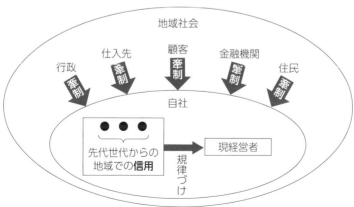

図32　地域における世代を超えた信用と牽制

出所：筆者作成。

喜多方における蔵の保存活動を行いました。

　これらの活動は、当代の経営のみに影響があるわけではありません。将来にわたっての後継者世代にとっても影響があるのです。後継者の経営行動が経済合理主義に行き過ぎた場合に、地域社会からの牽制と規律づけが働くことになるのです。例えば、同社の九代目当主は、「おまえの爺さんはな、おまえの父さんはな、といわれてしまうとおしまいである」と述べています。これは、当代の経営者には地域からの監視の目が向けられていることを示します。常に、先代経営者世代の行動と比較されている中で、当代の経営者は経営を行っていかねばなりません。地域からの信用や評判は、現世代の経営者に地域での社会的な問題解決の役割を担わせる動機づけの１つになる可能性があるのです。

■ **地域の利益の保全が自社の利益に繋がる**

　九代目自身も、東日本大震災後に、会津電力を設立し、再生可能エネルギーによる地域のエネルギー自給自足体制を確立する取り組みを行っています。大和川酒造店は、創業以来、地域の米と水を使用して酒造りを行ってきました。地元の資源によって、多くの新製品を生み出してきたのです。同社の歴代経営者は、酒造りの源泉を提供してくれる地域を保全することで、結果として自社の利益の獲得に繋げていることがわかります。

POINT
後継者の企業家行動と
ガバナンスにおけるポイント

　企業にとって企業家活動とガバナンスは、存続と成長を実現するうえで車の両輪であるといえます。企業の事業承継も、後継者に革新的な行動をさせながら、後継者の行動に対するガバナンスを行うという意味で、二律背反的な事象を同時に追求することだといえるでしょう。

　後継者による企業家活動によってイノベーションが実現されることは、企業にとって存続や成長の可能性を高めます。同時に、後継者が名実ともに次期経営者としての正統性を高めることにもつながります。このことは、ファミリービジネスだけではなく一般企業においても同様です。一般企業の後継者は、ファミリービジネスのような生得的地位は有しておらず、自ら実績を積み経営者としての正統性を獲得しないといけません。この点、一般企業においても、本書で示した後継者の企業家活動のプロセスをマネジメントすることは重要となるのです。

　しかし、後継者が実績を積み経営者としての正統性を高めれば高めるほど、後継者に対して異論を差し挟みにくくなるという新たな課題が生じます。この点も、一般企業においても共通しています。では、この事業承継における新たな課題にどのように対処すれば良いのでしょうか。いくつかの論点に分けて考察してみることにしましょう。

　第1に、後継者に「誰が」「どのような」ガバナンスを行うのかという論点です。事業承継後、一定の期間が経過した後継者に対しては、社内からの牽制や規律づけはききにくい可能性があります。そのため、外部の利害関係者によるガバナンスが効果的かもしれません。これまで述べてきたように、地域の取引先や金融機関による監視などのガバナンスを検討してみることです。

　第2に、ガバナンスを行うメンバーのインセンティブと能力が担保されているかという論点です。例えば、社内取締役よりも社外取締役の方が経営に外部の目が入れられるとされていますが、親密な取引先の経営者が社外取締役になった場合、適正なガバナンスが行われるかどうかは不透明です。加えて、社外取締役の場合、企業の内部事情に詳しくないことから、自社におい

て適正にガバナンスを行いうる能力をもちあわせているのかという問題もあります。

　最後に、イノベーションを促進できるようなガバナンスになっているかという論点です。効果的なガバナンスであっても、イノベーションの発露となる後継者の能動的行動が摘み取られてしまうようなものでは意味がありません。つまり地域におけるルール（不文律など）を守る限りイノベーションを生み出す源泉（地域に根ざす経営資源など）を使用できるというような仕組みを検討することが重要となります。

　企業のガバナンスに関しては、内部統制、委員会等設置会社、社外取締役など、様々な制度が議論されてきました。しかし、日本の地域社会が古くから育んできた、地域社会からの監視や規律づけ、地域社会における不文律などを学び直すことも、企業のガバナンスを考える際のヒントとなる可能性があります。

おわりに

　本書で一貫してお伝えしたかったことは、事業承継はマネジメント次第では企業のイノベーションのチャンスになるということです。
　繰り返し述べてきましたが、企業の事業承継は、多数の要因が働く複雑な経営現象です。第1に、事業承継は時間を伴う現象です。時間の経過に伴って、企業を取り巻く経営環境は変化しますし、企業の経営資源や製品・サービスも変化します。第2に、事業承継は組織の内外に及ぶ空間的な広がりをもつ現象です。世代から世代への経営の承継は、内部の従業員にとどまらず外部の顧客や仕入先などの利害関係者にも影響が及びます。第3に、事業承継は新旧両世代の相互の関係性を伴う現象です。世代間の関係性が事業承継の成否に大きな影響を与えていました。そのため、事業承継とは、当事者（先代経営者や後継者）や支援者（専門家やコンサルタント）、そして利害関係者にとって、非常に対応が難しい経営課題であるといえるでしょう。
　しかし、事業承継は難しい反面、多くの要因が働くからこそ、企業にとってダイナミックなプロセスになります。第1の事業承継における時間的な要素は、先代世代からの後継者の成長プロセスを考える手がかりを与えてくれます。第2の事業承継の空間的な要素は、企業が存続・成長するうえで必要となる内外の利害関係者を知り、企業がどのように利害関係者との関係を承継していくべきかを考える視点を提供してくれます。最後の事業承継における世代間の関係性に伴う要素は、新旧両世代の相互作用が企業の革新的行動に繋がる影響を生み出すヒントを与えてくれる可能性があります。このように見てくると、事業承継を経営学の観点から考えることで、企業にとっての事業承継は、伝統の再評価を促し、経営環境に適応したイノベーションを行うことを検討する契機となるのではないでしょうか。

本書では、経営学の研究者の立場から、企業の事業承継について考察してきました。本書は、平成の終わりから書き始め、令和の幕開けと共に書き終えました。本書の執筆と時を同じくして、時代が新旧の大きな転換期を迎えたことにも何か意味があったように思います。希望に満ちた令和の時代は、一方で日本が直視すべき本格的な人口減少社会や大廃業時代の幕開けともいえます。これから先の事業承継の成否が日本の経済を左右するといっても過言ではありません。読者の皆様にとって本書が、企業の事業承継の問題を考えるきっかけや手がかりとなれば、筆者としてこの上ない喜びです。

著　者

駅伝リレーに例えられる事業承継

出所：著者作成。

■■■ 参考文献 ■■■

足立政男（1974）「経営者の在り方（一）：老舗の家訓・店則から見た」『立命館経済学』第 21 巻第 2 号、1-24 頁。
足立政男（1993）『『シニセ』の経営：永続と繁栄の道に学ぶ』広池学園出版部。
Ansoff, H. I. (1965), *Corporate Strategy*. Mcgraw-Hill（広田寿亮訳『企業戦略論』産業能率出版部、1982 年）.
Aronoff, C. E., McClure, S. L., & Ward, J. L. (2012). *Family Business Succession: The Final Test of Greatness*. Palgrave Macmillan.
Barach, J. A., Gantisky, J., Carson, J. A., & Doochin, B. A. (1988). Entry of the Next Generation: Strategic Challenge for Family Business. *Journal of Small Business Management*, 26 (2), 49-56.
Beckhard, R. & Dyer Jr., W. G. (1983). Managing Continuity in the Family-Owned Business. *Organizational Dynamics*, 12 (1), 5-12.
Berle, A. A. & Means, G. C. (1932). *The Modern Corporation and Private Property*. The Macmillan Company（北島忠男訳『近代株式会社と私有財産』文雅堂銀行研究社、1958 年）.
Burgelman, R. A. & Sayles, L. R. (1986). *Inside Corporate Innovation: Strategy, Structure, and Managerial Skills*. The Free Press.
Cadieux, L. (2007). Succession in Small and Medium-Sized Family Businesses: Toward a Typology of Predecessor Roles During and After Instatement of the Successor. *Family Business Review*, 20 (2), 95-109.
Christensen, C. R. (1953). *Management Succession in Small and Growing Enterprises*. Harvard Business Press.
中小企業庁編（2017）『2017 年度版中小企業白書：中小企業のライフサイクル—次世代への継承—』中小企業庁。
Danco, L. A. (1980). *Inside the Family Business*. The University Press.
Dyer, Jr. W. G. (1988). Culture and Continuity in Family Firms. *Family Business Review*, 1 (1), 37-50.
Erikson, E. H. (1950). *Childhood and Society*. W. W. Norton（仁科弥生訳『幼児期と社会 2』みすず書房、1980 年）.
Erikson, E. H. & Erickson, J. M. (1982). *The Life Cycle Completed*. W. W. Norton & Company（村瀬孝雄・近藤邦夫訳『ライフサイクル、その完結』みすず書房、2001 年）.
ファミリービジネス学会編　奥村昭博・加護野忠男編著（2016）『日本のファミリービジネス：その永続性を探る』中央経済社。
ファミリービジネス白書企画編集委員会編（2015）『ファミリービジネス白書 2015 年版：100 年経営をめざして』同友館。
ファミリービジネス白書企画編集委員会編（2018）『ファミリービジネス白書 2018 年版：100 年経営とガバナンス』白桃書房。

Gersick, K. E., Davis, J. A., Hampton, M. M., & Lansberg, I. (1997). *Generaition to Generaition: Life Cycles of the Family Business*. Harvard Business School Press（犬飼みずほ訳、岡田康司監訳『オーナー経営の存続と継承：15年を越える実地調査が解き明かすオーナー企業の発展法則とその実態』流通科学大学出版、1999年）.
後藤俊夫編著（2012）『ファミリービジネス：知られざる実力と可能性』白桃書房。
Hall, D. T. (1986). Dilemmas in Linking Succession Planning to Individual Executive Learning. *Human Resource Management*, 25 (2), 235-265.
Handler, W. C. (1990). Succession in Family Firms: A Mutual Role Adjustment between Entrepreneur and Next-generation Family Members. *Entrepreneurship: Theory & Practice*, 15 (1), 37-51.
Handler, W. C. (1992). The Succession Experience of the Next Generation. *Family Business Review*, 5 (3), 283-307.
Handler, W. C. (1994). Succession in Family Business: A Review of the Research. *Family Business Review*, 7 (2), 133-157.
Handler, W. C. & Kram, K. E. (1988). Succession in Family Firms: The Problem of Resistance. *Family Business Review*, 1 (4), 361-381.
Hisrich, R. D. & Peters, M. P. (1989). *Entrepreneurship: Starting, Developing, and Managing a New Enterprise*. Irwin Professional Publishing.
井原久光（2008）『テキスト経営学〈第3版〉：基礎から最新の理論まで』ミネルヴァ書房。
石井淳蔵・栗木契・嶋口充輝・余田拓郎（2004）『ゼミナール マーケティング入門』日本経済新聞社。
伊丹敬之・加護野忠男（2003）「ゼミナール経営学入門〈第3版〉」日本経済新聞社。
加護野忠男（2008）「学術からの発信 経営学とファミリービジネス研究」『学術の動向』第13巻第1号、68-70頁。
金井一頼・角田隆太郎編（2002）『ベンチャー企業経営論』有斐閣。
金井壽宏（2002）『働くひとのためのキャリア・デザイン』PHP研究所。
加藤厚海（2016）「連携のネットワーク仲間型取引ネットワークと起業家」『日本のビジネスシステム：その原理と革新』有斐閣、126-147頁。
加藤敬太（2014）「ファミリービジネスにおける企業家活動のダイナミズム：ミツカングループにおける7代当主と8代当主の企業家継承と戦略創造」『組織科学』第47巻第3号、29-39頁。
Kets de Vries, M.F.R. (1985). The Dark Side of Entrepreneurship. *Harvard Business Review*, 63, 160-167.
Kets de Vries, M.F.R. (1995). *Life and Death in the Executive Fast Lane: Essays on Irrational Organizations and Their Leaders*. Jossey-Bass（金井壽宏・岩坂彰訳『会社の中の「困った人たち」：上司と部下の精神分析』創元社、1998年）.
Kotler, P. & Keller, K. L. (2007). *A Framework for Marketing Manegement*, 3rd edition. Prentice-Hall（恩藏直人監修、月谷真紀訳『コトラー＆ケラーのマーケティング・マネジメント基本編（第3版）』ピアソン・エデュケーション、2008年）.
Kotre, J. N. (1984). *Outliving the Self: Generativity and Interpretation of Lives*. Hopkins University Press.
忽那憲治・山田幸三編著（2016）『地域創生イノベーション：企業家精神で地域の活性化に

挑む』中央経済社。

Lansberg, I. (1988). The Succession Conspiracy. *Family Business Review*, 1（2）, 119-143.

Lansberg, I. (1999). *Succeeding Generations: Realizing the Dream of Families in Business*. Harvard Business School Press.

Levinson, D. J. (1978). *The Seasons of a Man's Life*. Ballantine Books（南博訳『ライフサイクルの心理学（上）（下）』講談社、1992 年）.

Levinson, H. (1971). Conflicts That Plague Family Business. *Harvard Business Review*, 49, 90-98.

Linton, R. (1936). *The Study of Man*. Appleton-Century-Crofts.

前川洋一郎（2015）『なぜあの会社は 100 年も繁盛しているのか：老舗に学ぶ永続経営の極意 20』PHP 研究所。

前川洋一郎・末包厚喜編著（2011）『老舗学の教科書』同友館。

McAdams, D. P. & de St. Aubin, E. (1992). A Theory of Generativity and Its Assessment Through Self-Report, Behavioral Acts, and Narrative Themes in Autobiography. *Journal of Personality and Social Psychology*, 62（6）1003-1015.

三井逸友編（2019）『21 世紀中小企業者の主体形成と継承』同友館。

中田易直（1988）『三井高利』吉川弘文館．

落合康裕（2014）「ファミリービジネスの事業継承と継承者の能動的行動」『組織科学』第 47 巻第 3 号。40-51 頁。

落合康裕（2016a）『事業承継のジレンマ：後継者の制約と自律のマネジメント』白桃書房。

落合康裕（2016b）「中小企業の事業承継と企業変革：老舗企業の承継事例から学ぶ」中部産業連盟機関誌『プログレス』2016 年 11 月号、9-14 頁。

落合康裕（2018）「老舗後継者の事業承継とベンチャー精神（特集 中小企業の事業承継（上）」『商工金融』第 68 巻第 10 号、5-21 頁。

奥山清行（2007a）『伝統の逆襲：日本の技が世界ブランドになる日』祥伝社。

奥山清行（2007b）『フェラーリと鉄瓶：一本の線から生まれる「価値あるものづくり」』PHP 研究所。

Pinchot, G. (1985). *Intrapreneuring: Why You Don't have to Leave the Corporation to Become an Entrepreneur*. Harper and Row（清水紀彦訳『イントラプルナー　企業内起業家』講談社、1985 年）.

Porter, M. E. (1980). *Competitive Strategy*. Macmillan Publishing（土岐坤・中辻萬治・服部照夫訳『競争の戦略』ダイヤモンド社、1982 年）.

Schein, E. H. (1983). The Role of the Founder in the Creation of Organizational Culture. *Organizational Dynamics*, 12, 13-28.

嶋口充輝・内田和成・黒岩健一郎編著（2016）『1 からの戦略論〈第 2 版〉』碩学舎。

将来世代総合研究所編（1999）『いまなぜ世代継承性なのか：その概念解明、基礎理論及び実践課題』将来世代総合研究所。

Sonfield, M. C. & Lussier, R. N. (2004). First-, Second-, and Third-Generation Family Firms: A Comparison. *Family Business Review*, 17（3）, 37-50.

Sonnenfeld, J. (1988). *The Hero's Farewell: What Happens When CEOs Retire*. Oxford University Press（吉野壮児訳『トップ・リーダーの引退』新潮社、1992 年）.

鈴木竜太（2013）『関わりあう職場のマネジメント』有斐閣。

武井一喜（2010）「ファミリービジネス（同族経営）はなぜ強いのか：三代以上「永続」する条件」『会社法務 A2Z』8-15 頁。
津島晃一（2017）『お金をかけない事業承継：可愛い後継者には"個人保証"を継がせろ』同友館。
Ward, J. L. (1987). *Keeping the Family Business Healthy: How to Plan for Continuing Growth, Profitability, and Family Leadership*. Jossey-Bass.
Wickham, P. A. (1998). *Strategic Entrepreneurship*. Pitman.
横澤利昌編著（2012）『老舗企業の研究〈改訂新版〉：一〇〇年企業に学ぶ革新と創造の連続』生産性出版。
吉村典久（2007）『日本の企業統治：神話と実態』NTT 出版。

福田金属箔粉工業株式会社ホームページ　https://www.fukuda-kyoto.co.jp（アクセス日：2017 年 9 月 6 日）
三井広報委員会ホームページ　https://www.mitsuipr.com/history/edo/05/「三井家の家憲『宗竺遺書』」（アクセス日：2019 年 03 月 25 日）

■■■ キーワード ■■■

イノベーション……012, 054, 058, 141	生得的地位……………………035
獲得的地位……………………038	制約………………………………065
ガバナンス……………………117	制約と自律のジレンマ…………067
企業家行動……………………117	世代間の対立…………………053
経営環境………………………001	世代継承性……………………019
経営資源………………………118	先代世代の経営の参照…………098
後継者に対する特別な視線………077	創業経営者タイプ………………010
個人保証………………………087	他社経験………………………026
サプライチェーン………………150	地域社会…………………090, 151
差別化…………………………135	特別な処遇……………………076
事業ドメインの再定義…………132	当事者意識……………………025
仕事上の距離感…………………077	二代目以降の経営者タイプ………011
仕事上のフォーマルな関係………058	能動的行動……………………079
次世代経営組織…………………108	番頭……………………033, 059, 107
純粋な親子関係…………………058	ビジネスシステム………………110
初期の仕事経験…………………031	ブランド……………………102, 148
自律……………………………065	辺境への配置…………………047
スタートスモール・キルスモール………146	ライフサイクル説………………018
スリー・サークル・モデル………004	利害関係者……………………070
正統性の獲得……………034, 067, 153	レガシー………………………042

著者略歴

落合 康裕 ［おちあい やすひろ］

1973 年　神戸市に生まれる
1997 年　関西大学商学部商学科卒業
1997 年　大和証券株式会社入社
2007 年　神戸大学大学院経営学研究科博士前期課程修了
2014 年　神戸大学大学院経営学研究科博士後期課程修了　博士（経営学）
同　年　日本経済大学経営学部（東京渋谷キャンパス）准教授
2018 年　静岡県立大学経営情報学部 准教授
　　　　（同大学院経営情報イノベーション研究科 准教授 兼務）
2020 年　静岡県立大学経営情報学部 教授
　　　　（同大学院経営情報イノベーション研究科 教授 兼務）
　　　　現在に至る

受　賞：2016 年度 ファミリービジネス学会賞
　　　　2016 年度 名東賞（実践経営学会）

専門分野：経営戦略論

非常勤講師等：
　　早稲田大学大学院経営管理研究科（WBS）非常勤講師，
　　名古屋商科大学大学院マネジメント研究科（NUCB）客員教授

社会活動等：事業承継学会 常務理事，ファミリービジネス学会 常理理事

主要著書：
　　『事業承継のジレンマ：後継者の制約と自律のマネジメント』（白桃書房，2016 年）
　　『ファミリービジネス白書　2022 年版：未曾有の環境変化と危機突破力』（白桃書房，2021 年，企画編集）
　　『ファミリービジネス白書　2018 年版：100 年経営とガバナンス』（白桃書房，2018 年，企画編集）
　　『ファミリービジネス白書　2015 年版：100 年経営をめざして』（同友館，2015 年，編著）
　　『1 からの戦略論＜第 2 版＞』（碩学舎，2016 年，共著）

事業承継の経営学
企業はいかに後継者を育成するか

■発行日──2019 年 9 月 6 日　初版発行　〈検印省略〉
　　　　　　2024 年 7 月 16 日　第 5 刷発行

■著　者──落合　康裕

■発行者──大矢栄一郎

■発行所──株式会社 白桃書房
　　　　　〒101-0021　東京都千代田区外神田 5-1-15
　　　　　☎03-3836-4781　🅕03-3836-9370　振替 00100-4-20192
　　　　　https://www.hakutou.co.jp/

■印刷・製本──藤原印刷株式会社

© OCHIAI, Yasuhiro 2019　Printed in Japan　ISBN 978-4-561-25734-9 C0034

本書のコピー，スキャン，デジタル化等の無断複製は著作権法上での例外を除き禁じられています。本書を代行業者等の第三者に依頼してスキャンやデジタル化することは，たとえ個人や家庭内の利用であっても著作権法上認められておりません。

JCOPY〈出版者著作権管理機構 委託出版物〉
本書の無断複製は著作権法上での例外を除き禁じられています。複製される場合は，そのつど事前に，出版者著作権管理機構（電話 03-5244-5088，FAX 03-5244-5089，e-mail：info@jcopy.or.jp）の許諾を得てください。

落丁本・乱丁本はおとりかえいたします。

落合康裕 著
事業承継のジレンマ
―後継者の制約と自律のマネジメント

近年、実務界でも研究テーマとしても、企業の事業承継に注目が集まっている。本書は、4社の老舗企業の事例研究をもとに、世代から世代へ、老舗企業が事業承継する際の企業変革と後継者育成のダイナミズムを追究したものであり、研究者はもとより実際の事業承継にかかわる当事者、支援者、利害関係者にとっても一読の価値がある。

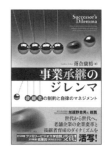

〈2016 年度 実践経営学会名東賞受賞〉
〈2016 年度 ファミリービジネス学会賞受賞〉

本体価格 3,200 円

後藤俊夫 監、落合康裕 企画編集、荒尾正和・西村公志 編著
ファミリービジネス白書企画編集委員会 編
ファミリービジネス白書[2022年版]
―未曾有の環境変化と危機突破力

ファミリービジネスは、近年国内外を問わず注目が増し、地域経済を長期にわたって支える存在である。本書では、2018 年版の分析をさらに精緻化すると同時に、2015 年版から 10 年にわたるデータ整備がなされ、長期的観点からファミリービジネスの強さが改めて明らかになっている。コロナ禍の影響についての緊急アンケート・インタビュー結果も所収。

本体価格 3,636 円

株式会社 白桃書房　　　　表示価格には別途消費税がかかります